Gary Chapman

STREITHÄHNE UND TURTELTAUBEN

Gary Chapman

Streithähne und Turteltauben

An Konflikten reifen

francke

Über den Autor:

Gary Chapman ist seit 30 Jahren ein international bekannter und gefragter Eheberater und Bestseller-Autor. Von „Die Fünf Sprachen der Liebe" wurden weltweit über 10 Mio. Bücher verkauft, in Deutschland weit über 500.000 Exemplare! In den USA leitet er landesweit Eheseminare. Er hat zwei erwachsene Kinder und zwei Enkel und lebt mit seiner Frau Karolyn in North Carolina.

Bibliografische Information Der Deutschen Bibliothek
Die Deutsche Bibliothek verzeichnet diese Publikation
in der Deutschen Nationalbibliografie;
detaillierte bibliografische Daten sind im Internet über
http://dnb.ddb.de abrufbar.

2. Auflage 2014
ISBN 978-3-86827-041-9
Alle Rechte vorbehalten
Marriage Saver Series #1: Everybody Wins, German
© 2006 by Gary Chapman
German edition
© 2008 by Verlag der Francke-Buchhandlung GmbH
35037 Marburg an der Lahn
with permission of Tyndale House Publishers, Inc., USA
Übersetzt von Sabine Weißenborn
Satz: Verlag der Francke-Buchhandlung GmbH
Umschlaggestaltung: www.provinzglueck.com
Druck: CPI Moravia Books, Pohorelice

www.francke-buch.de

Inhaltsverzeichnis

Einleitung

*S*eit über dreißig Jahren kommen Ehepaare zu mir, weil sie Hilfe suchen. Die allermeisten kommen wegen ungelöster Konflikte. Sie streiten sich nun schon so lange, dass jeder weiß, was der andere sagt, noch bevor er den Mund aufmacht. Die Auseinandersetzungen sind vorhersehbar geworden, aber Lösungen sind nicht in Sicht. Mittlerweile sind beide Partner völlig erschöpft und wünschen sich professionelle Hilfe. Doch ich habe oft das Gefühl, dass sie mich eher als Richter sehen und nicht als Seelsorger und Berater. Sie erwarten, dass ich ihren Partner als einen Menschen entlarve, der unlogisch denkt und unmögliche Anforderung an sie stellt.

Weil ich aber Berater bin und nicht Richter, habe ich nun die mühsame Aufgabe, mir ihre Beschwerden anzuhören. Sie erzählen mir Wort für Wort dasselbe, was sie ihrem Partner schon seit Jahren sagen, weil sie glauben, dass ich bestimmt die Logik in ihren jeweiligen Positionen sehe. Ich höre ihnen aufmerksam zu und mache mir ein paar Notizen, doch als Berater bin ich mehr an Beziehungen orientiert als an Logik. Außerdem weiß ich, dass sie sich eigentlich sehr viel mehr wünschen, als nur diesen einen Konflikt zu lösen. Was sie sich wirklich wünschen, ist eine bessere Beziehung. Hinter der Enttäuschung über ungelöste Konflikte liegt die Sehnsucht nach Harmonie.

Liebevolle Beziehungen bauen auf Verständnis, nicht auf gewonnenen Diskussionen auf. Deshalb frage ich die Paare meist am Anfang: „Wie fühlen Sie sich, wenn Sie diese Worte sagen?" oder: „Was passiert in Ihrem Inneren, wenn Sie Ihre Frau das sagen hören?" Ich höre mir die Antworten an, mache mir Notizen und stelle noch mehr Fragen, um die Gefühle herauszufinden, die hinter den Konflikten liegen. Kein Konflikt kann gelöst werden, ohne dass man zuerst die Gefühle dahinter versteht.

Ich frage die Paare auch nach ihren Werten: „Warum ist Ihnen das so wichtig?" Die Antwort auf diese Frage zeigt oft, was den Konflikt eigentlich ausgelöst hat. Wenn ich ihre Werte nicht verstehe, dann begreife ich auch nie, warum ihnen dieser Punkt so wichtig ist. Letztendlich tue ich als Berater etwas für diese Paare, was sie nie selbst gelernt haben. Ich versuche sie zu verstehen, denn Verständnis macht Lösungen und Harmonie erst möglich.

Als ich Paare für mein Buch *Die vier Jahreszeiten der Liebe* befragte, haben viele zugegeben, dass sich ihre Ehe gerade im „Winter" befand, das heißt, dass ihre Ehe durch Ärger, Enttäuschung, Einsamkeit, negative Gefühle, Entmutigung und Hoffnungslosigkeit gekennzeichnet war. Ihre Beziehung war distanziert, kalt, abweisend und bitter. Sie fühlten sich verraten und allein. Sie hatten sich in ihrem Iglu verschanzt und hofften auf den Frühling, doch für viele war dieser Frühling bisher noch nicht gekommen.

Fast alle Ehepaare haben mit ihrer Ehe im Frühling angefangen. Sie alle haben von einem glücklichen Leben zusammen geträumt. Sie hatten sich fest vorgenommen, ihren Ehepartner überglücklich zu machen. Das Leben sollte wunderschön werden. Doch einige dieser Ehepaare sind vom Frühling direkt zum Winter übergegangen und haben den Sommer und den Herbst einfach übersprungen. Andere konnten sich durchaus noch an eine Zeit erinnern, als die Blumen blühten und die Sonne schien. Mittlerweile müssen sie zugeben, dass die Blumen schon lange verwelkt sind.

Wie konnte es so weit kommen? In fast jeder Beziehung waren ungelöste Konflikte einer der Hauptgründe. Unterschiede zwischen den Partnern hatten sich gezeigt und wurden bald unüberwindbar. Die Ehepartner wussten nicht, wie sie mit diesen Konflikten umgehen sollten, deshalb versuchten sie immer, ihren Partner mit wohlüberlegten Argumenten von ihrer Position zu überzeugen. Wenn dieser Versuch fehlschlug, dann wiederholten sie die Argumente mit etwas mehr Nachdruck und warfen dem Partner nach einer weiteren fruchtlosen Diskussion vor, unlogisch und uneinsichtig zu sein. Irgendwann haben sie auch das Streiten aufgegeben und sich stattdessen jeder in sein Schneckenhaus zurückgezogen. Das war der Punkt, an dem sich langsam die Winterkälte über die Ehe gelegt hat.

Ehepaare haben in allen Jahreszeiten ihrer Ehe Konflikte. Diejenigen, die es gelernt haben, ihre Konflikte zu lösen, verbringen mehr Zeit im Frühling und im Sommer. Doch die, die sich nicht darum bemühen, driften mit ihrer Ehe langsam in den Herbst und Winter. Ungelöste Konflikte schaffen in vielen Ehen ein Gefühl der Hoffnungslosigkeit. Viele Paare sehen dann nur noch zwei Möglichkeiten: Entweder sie bleiben in der ehelichen Beziehung und sind für den Rest ihres Lebens unglücklich, oder sie geben diese Ehe auf und hoffen auf einen anderen Partner, der besser zu ihnen „passt". Diejenigen, die sich für die zweite Möglichkeit entscheiden, vergessen allerdings, dass es keine Ehe ohne Konflikte gibt.

Ich glaube jedoch, dass es noch eine dritte Möglichkeit gibt: Wenn sich ein Ehepaar dazu entschließt, seine Konflikte zu lösen, dann kann aus der Winterkälte wieder die Hoffnung und Erwartung des Frühlings werden.

Letztendlich ist es egal, in welcher Jahreszeit sich Ihre Ehe gerade befindet – Frühling, Sommer, Herbst oder Winter –, denn Ihre Ehe wird auf jeden Fall davon profitieren, wenn Sie die Kunst des Konfliktlösens lernen.

In diesem kleinen Buch möchte ich Ihnen einige Hilfen an die Hand geben, damit Sie Ihren Partner verstehen lernen. Dadurch wird es möglich, dass Sie Konflikte lösen, statt einfach nur eine Auseinandersetzung zu gewinnen oder zu verlieren. Wenn Sie einen Streit gewinnen, dann ist Ihr Ehepartner der Verlierer. Und wir wissen alle, dass ein Verlierer nur schwer zu ertragen ist. Wenn man dagegen eine Lösung für einen Konflikt findet, dann gewinnen beide, und die Beziehung wächst. Gute Ehen bauen auf Freundschaft auf und nicht auf gewonnenen Streitgesprächen.

Dieses Buch habe ich für die vielen Tausend Ehepaare geschrieben, die niemals in eine Beratung gehen würden, aber trotzdem gerne lernen möchten, wie man

Konflikte lösen kann. Ich habe versucht, so einfach und verständlich wie möglich zu schreiben, damit unverständliche Fachausdrücke oder hochtheologische Argumentationen niemanden abschrecken. Ich wünsche mir, dass dieses Buch Ihnen dabei hilft, Ihre Konflikte zu lösen, damit Sie an Ihrer Ehe festhalten oder wieder glücklich werden.

1. Was ist eigentlich so schlimm an einem Streit?

*A*m Anfang Ihrer Ehe waren Sie höchstwahrscheinlich sehr verliebt in Ihren Partner. Der andere war perfekt. Sie verbrachten gerne viel Zeit miteinander und haben sich stundenlang unterhalten. Der andere war der wunderbarste Mensch, den Sie sich vorstellen konnten. Die Liebe hatte Sie wie die Strömung eines Flusses ergriffen, und alles schien so einfach und leicht. Natürlich wussten Sie, dass Ihr Partner und Sie unterschiedlich waren, doch niemals würde das zu Mauern in Ihrer Beziehung führen.

Unglücklicherweise dauert die Verliebtheitsphase mit ihren euphorischen Gefühlen nur ungefähr zwei Jahre. Dann landen wir wieder in der Realität, wo die theoretischen Unterschiede plötzlich ganz real werden. Einige Unterschiede kann man als Vorteile sehen: Peter kocht gerne; Susanne nicht. Sie räumt gerne den Tisch ab und spült; er nicht. Diese Unterschiede garantieren eine harmonische Zeit rund ums Essen. Peter und Susanne arbeiten als Team zusammen, und jeder nutzt seine Vorliebe zum Vorteil des anderen. Sie spüren diese harmonische Atmosphäre und drücken sie auch aus: „Wir sind füreinander bestimmt." „Das Leben könnte nicht besser sein." „Ich bin so froh, dass ich dich geheiratet habe." Wenn man die Unterschiede als Vorteile betrachtet und der Ehemann und die Ehefrau harmonisch zusammenarbeiten, dann ist das Leben schön.

Doch andere Unterschiede können trennen. Michael liebt Sport und schaut jeden Samstag Fußball. Seine Frau Petra sagt: „Fußball dient eigentlich nur den Spielern, die Millionen von Euro verdienen, nur weil sie hinter einem Ball herrennen, ab und zu Tore schießen und ansonsten Werbung machen. Warum sollte irgendein anderer seine Zeit damit verschwenden, sich ein so blödes Spiel anzusehen?" Der Mann, den sie geheiratet hat, ist doch sicher zu intelligent dazu.

„Das ist meine Art, mich zu entspannen", sagt er.

„Das ist einfach nur die Art, wie du deine Zeit vergeudest", antwortet Petra.

„Du bist verrückt. Jeder Mann, den ich kenne, schaut samstags Fußball."

„Nein, nur die, die sonst nichts auf die Reihe kriegen."

„Ich arbeite fünf Tage in der Woche. Gönn mir doch einfach die Pause und lass mich am Samstag in Ruhe Sport gucken."

„Sicher arbeitest du. Das tue ich auch. Und was ist mit *uns*? Warum können wir nicht den Samstagabend zusammen verbringen? Entweder es ist Fußball, Basketball, Handball oder Autorennen. Und wenn nichts anderes kommt, dann guckst du dir sogar Boxen an. Nie hast du Zeit für *uns*." Dann bricht Petra in Tränen aus und verlässt den Raum. Michael macht den Fernseher aus, und dann fängt der Streit erst richtig an. Die Sportschau war nur der Ausgangspunkt für einen ausgewachsenen verbalen Boxkampf. Noch bevor der Abend vorbei ist, haben sich Michael und Petra so gestritten, dass sich jeder unglücklich zurückzieht.

Was hat diese Auseinandersetzung gebracht? Einige von Ihnen werden sagen: „Nichts!", doch diese Antwort stimmt nicht wirklich. Die Auseinandersetzung hat viel bewirkt. Zum einen ist die emotionale Distanz zwischen Ehemann und Ehefrau dadurch noch größer geworden, da sie den anderen nun noch mehr als Feind statt als Freund sehen. Beide glauben, dass der Partner uneinsichtig ist oder gar nicht verstehen *will*. Außerdem fühlen sich beide verärgert, verletzt und abgewiesen, und beunruhigende Fragen schießen ihnen durch den Kopf:

„Was ist bloß in ihn gefahren?"

„Was hat sie nur für ein Problem?"

„Ich kann einfach nicht glauben, dass sie das gesagt hat."

„Wie kann er nur so gemein sein?"

„Was ist nur aus unserer Liebe geworden?"

„Habe ich den falschen Mann/die falsche Frau geheiratet?"

Vielleicht schlafen Sie in dieser Nacht sogar in verschiedenen Zimmern oder liegen stocksteif und hellwach in Ihren Betten und rufen sich innerlich immer wieder den Streit dieses Abends ins Gedächtnis. Doch, die Auseinandersetzung hat viel bewirkt. Aber leider war nichts davon wirklich konstruktiv.

Vielleicht ist das einzig Positive an dieser Auseinandersetzung, dass Petra und Michael ein konfliktbeladenes Thema in ihrer Ehe entdeckt haben. Er weiß nun, dass sie es hasst, wenn er sich samstags Sportveranstaltungen im Fernsehen ansieht, und sie hat herausgefunden, dass er genau das gerne tut. Da aber die Auseinandersetzung nicht zur Lösung dieses Konflikts geführt hat, steht sie nun wie eine unüberwindbare emotionale Barriere zwischen ihnen und wird die weitere Entwicklung der Beziehung mitbestimmen. Von nun an wird Michael samstags Sportfernsehen schauen mit der Gewissheit, dass seine Frau darüber alles andere als glücklich ist. Und jeden Samstag wird seine Frau sich sagen: „Er liebt den Sport viel mehr als mich. Was für einen Ehemann habe ich nur geheiratet?"

Wir werden später noch einmal zu Petra und Michael zurückkommen, doch an dieser Stelle möchte ich erst einmal definieren, was ich mit *Streiten* meine. Dieses Wort ist uns auch aus dem juristischen Bereich bekannt als *Rechtsstreit*. Dabei geht es darum, dass der Anwalt in einem bestimmten Fall mit Argumenten darlegt und Beweise dafür vorlegt, warum sein Mandant unschuldig ist. Mit diesen Argumenten und Beweisen appelliert er an den Verstand des Richters. Was er damit erreichen will, ist klar: Jeder vernünftige Mensch würde mit ihm übereinstimmen, dass seine Argumente plausibel sind. Manchmal appelliert ein Anwalt aber durch die Beleuchtung bestimmter Teilaspekte des Falls auch an die Gefühle, um Mitleid für die Situation seines Mandanten hervorzurufen.

In einem Gerichtssaal ist diese Form der Argumentation nicht nur erlaubt, sondern erwünscht, sonst könnte man sich mit diesen rechtlichen Fällen gar nicht beschäftigen. Die Anwälte beider Seiten legen Beweise und deren Interpretation vor, um das Gericht davon zu überzeugen, dass ihre Sicht der Dinge die richtige ist. Zeugen können ins Kreuzverhör genommen werden, und bestimmte Deutungen können hinterfragt werden. Unser Gerichtssystem baut auf der Annahme auf, dass man durch Argumente und Gegenargumente und deren genauer Interpretation herausfinden kann, ob jemand schuldig oder unschuldig ist.

Wir alle wissen, dass die Gerechtigkeit im Gerichtssaal nicht immer siegt, doch der Fall ist gelöst und abgeschlossen. Angeklagte, die für nicht schuldig befunden werden, sind wieder frei. Angeklagte, die für schuldig befunden werden, müssen eine Strafe zahlen, bekommen eine Bewährungsstrafe oder müssen ins Gefängnis, je nachdem, wie schwer der Fall ist. Oder eine Partei legt Berufung ein, und der Fall wird in einer höheren Instanz noch einmal verhandelt. Dort und in jeder weiteren höheren Instanz werden die Einzelheiten noch einmal genau erörtert, wenn möglich noch mehr Argumente gefunden und Beweise vorgelegt, bis schließlich ein abschließendes Urteil gesprochen wird. In jedem Fall gibt es immer einen Gewinner und einen Verlierer. Manchmal hört man vielleicht einen Anwalt sagen: „Ich dachte, unsere Argumente seien gut, aber offensichtlich haben wir das Gericht nicht überzeugt." Oder man hört den Anwalt sagen, der den Fall gewonnen hat: „Wir haben den Fall gewonnen. Unsere Argumente waren stichhaltig, und ich glaube, wir haben das Gericht von der Wahrheit überzeugt."

Wenn Sie mit Ihrem Ehepartner streiten, dann versuchen Sie letztendlich wie in einem gerichtlichen System, Ihren Ehepartner mit Ihren Argumenten von der Richtigkeit Ihrer Position zu überzeugen. Doch dieses System, das im Gerichtssaal mehr oder weniger gut funktioniert, ist für eine Beziehung völlig ungeeignet, da es keinen unabhängigen Richter gibt, der am Ende den Fall mit einem Urteil abschließt. Normalerweise kochen in den ehelichen Auseinandersetzungen schnell die Gefühle hoch. Am Ende wirft man sich nur noch harte Worte an den Kopf und die Tränen fließen, Motive werden hinterfragt, und das Verhalten des anderen erscheint uns lieblos, abweisend und kalt.

Wenn sich ein Ehepaar streitet, dann ist das Ziel dasselbe wie in einem Gerichtssaal: Man will den Fall gewinnen. Jeder möchte, dass die eigene Position sich als richtig und überzeugend herausstellt aufgrund seiner unhaltbaren und überzogenen Position und dass der Ehepartner für schuldig befunden wird. Das ist das Zerstörerische an dieser Art von Auseinandersetzung. Letztlich führt sie zu einer von drei Ergebnissen: Entweder Sie gewinnen und Ihr Ehepartner verliert, oder Sie verlieren und Ihr Ehepartner gewinnt, oder Sie streiten so lange, bis der Streit unentschieden ausgeht. Bei dem dritten Ergebnis verlieren beide Partner. Keiner ist von den Argumenten des anderen überzeugt worden, und jeder zieht sich verletzt, enttäuscht und verbittert zurück, ohne Hoffnung, dass sich die Beziehung noch einmal ändert.

Keines dieser drei Ergebnisse ist gut. Der Gewinner fühlt sich vielleicht ein paar Stunden oder Tage gut, doch dann wird das Leben mit dem Verlierer unerträglich. Der Verlierer verlässt den Kampfplatz wie ein geprügelter Hund und leckt sich seine Wunden. Das ist kein schönes Bild, doch für manche eine häufige Erfahrung. Wenn Konflikte nicht gelöst werden und die Partner auseinandergehen, während die harten, abweisenden und verletzenden Worte noch in ihren Ohren nachklingen, dann ziehen sie sich normalerweise auch emotional für eine ganze Weile voneinander zurück und hoffen auf bessere Zeiten. Doch bessere Zeiten kommen manchmal einfach nicht, und so machen sich diese Menschen oft auf die Suche nach einem „besseren Partner", oder sie versuchen sich mit der Kälte einer Winterehe zu arrangieren.

Kein Sieg, der durch Argumente errungen worden ist, lässt sich lange genießen. Der Verlierer wird schon bald eine neue Auseinandersetzung starten (oder eine alte wieder aufwärmen), um den Partner doch noch zu überzeugen. Doch auch dieser Streit führt zu einem der drei oben genannten Ergebnisse. Diese Art der Auseinandersetzung bringt uns nicht weiter; sie offenbart nur unsere Konflikte. Wenn sich ein solcher Konflikt gezeigt hat, dann muss das Ehepaar einen Weg finden, diesen Konflikt mit Würde und Respekt für beide Partner zu lösen. Ich bin der Überzeugung, dass es Tausende von Paaren gibt, die lernen möchten, wie man Konflikte wirklich lösen kann. Das ist der Grund, warum ich dieses Buch geschrieben habe.

Praktische Schritte:

1. Nennen Sie drei Themen, über die Sie im letzten Jahr mit Ihrem Ehepartner gestritten haben.
2. Was trifft Sie am meisten, wenn Sie eine Auseinandersetzung haben?
3. Was haben Streitigkeiten in Ihrer Ehe bewirkt?
4. Wie sehr sind Sie daran interessiert, einen besseren Weg zur Lösung Ihrer Konflikte zu finden?

2. Warum ist es so wichtig, Konflikte zu lösen?

*K*onflikte entstehen, weil wir alle so einzigartig sind. Es gibt nicht nur einen Unterschied zwischenMännern und Frauen, sondern auch jeder Mann und jede Frau ist einzigartig. Vieles von dem, was uns von dem anderen unterscheidet, hat genetische Gründe. Das sieht man besonders an unserem Äußeren. Keine zwei Fingerabdrücke sind gleich. Jedes Gesicht sieht anders aus. Dadurch können wir Personen wiedererkennen, selbst wenn wir sie lange nicht gesehen haben. Andere Unterschiede sind eher persönlicher Natur. Obwohl man diese Unterschiede nicht erkennen kann, wenn man den anderen nur ansieht, sind sie trotzdem da. Wenn wir jemanden mit *introvertiert* oder *extrovertiert* beschreiben, drücken wir damit einen Unterschied in der Persönlichkeit aus. Doch unsere Verschiedenheit zeigt sich auch in den alltäglichen Dingen: wie wir die Spülmaschine einräumen, die Zahnpastatube ausdrücken oder die Toilettenpapierrolle aufhängen. Wir haben unterschiedliche Vorstellungen über Erziehung, Autofahren, Freizeitgestaltung und noch tausend andere Dinge. Weil wir so verschieden sind, können daraus Konflikte entstehen. Doch ich kenne keinen, der alle Unterschiede abschaffen und die Menschen gleichmachen wollte.

Deshalb löst man Konflikte auch nicht, indem man versucht, die Unterschiede loszuwerden. Stattdessen müssen wir lernen, unsere Unterschiede als Herausforderung und Bereicherung wertzuschätzen und nicht als Belastungen zu bekämpfen. Um eine gute Ehe zu führen, muss ein Ehepaar lernen, als Team zusammenzuarbeiten und die Unterschiede zu nutzen, damit das Leben für beide Partner besser wird. Konfliktlösung ist eine Methode, um diese Teamarbeit zu entwickeln. Manchmal wissen wir gar nicht, wo unsere Unterschiede liegen, bis es zum Konflikt kommt.

Wenn ich das Wort *Konflikt* gebrauche, dann meine ich nicht kleine Unterschiede, wie zum Beispiel, dass ihre Lieblingsfarbe Blau und seine Gelb ist. Das ist kein Konflikt, sondern nur eine unterschiedliche Meinung oder Vorliebe. Konflikte sind Meinungsverschiedenheiten, bei denen beide Ehepartner davon überzeugt sind, dass ihre Meinung die richtige ist. Diese verschiedenen Überzeugungen beeinflussen ihr Verhalten und zerstören die Harmonie in der Beziehung. Nehmen wir unterschiedliche Farbwünsche als Beispiel. Die Frau möchte das Badezimmer gerne blau, der Mann gerne gelb streichen. Da beide von ihrer Farbwahl überzeugt sind, kann das innerhalb kürzester Zeit einen heftigen Konflikt auslösen, indem jeder den anderen davon überzeugen möchte, dass es nur *eine* richtige Farbe für das Bad gibt. So können Konflikte in jedem Lebensbereich entstehen: beim Autofahren und beim Essen, beim Umgang mit Geld, im geistlichen Leben, in der Freizeit und der Erziehung, um nur ein paar zu nennen. Konflikte sind nicht immer unbedingt schlecht – und sie lassen sich in keiner Ehe vermeiden. Es gibt einen einfachen Grund dafür, warum es in jeder Ehe Konflikte geben kann: Sie sind mit einem anderen Menschen verheiratet, und dieser Mensch ist einzigartig. Es ist nicht das Ziel einer Ehe, keine Konflikte mehr zu haben oder sie zu vermeiden. Das Ziel ist vielmehr, die Konflikte zu lösen und dadurch zu lernen, wie Sie als Team zusammenarbeiten können, um gemeinsame Ziele zu erreichen.

Als ich weiter oben den Konflikt über die Farbgebung des Bads beschrieb, kam mir sofort ein junges Ehepaar in den Sinn, das ich vor einigen Jahren beraten habe. Jan und Iris waren seit zwei Jahren verheiratet und glaubten, dass ihre Beziehung sich ganz eindeutig im Frühling befand. Das heißt, sie glaubten das so lange, bis sie sich entschieden, ihre Wohnung neu zu streichen. Es kostete sie nicht viel Zeit, sich auf die Farbgebung der einzelnen Räume zu einigen, bis sie zum Badezimmer kamen. Er wollte ein blaues Bad und sie ein grünes. Sie waren überrascht, dass sie sich plötzlich heftig über ein Thema stritten, das doch eigentlich eher belanglos war. Trotzdem waren beide Partner so von ihrer Meinung überzeugt, dass sie nach einigen Streitrunden beschlossen, fremde Hilfe in Anspruch zu nehmen.

„Es ist uns richtig peinlich, dass wir jetzt hier sind", sagte Iris. „Das ganze Thema ist doch eigentlich belanglos, und trotzdem ist es in unserer Ehe ein fast unüberwindbares Problem geworden. Und wir wollen nicht damit enden, dass wir uns über ein so unwichtiges Thema wie die neue Farbe des Badezimmers streiten."

Mit einem entschuldigenden Schulterzucken sagte

Jan: „Ich wette, es hat Sie noch nie ein Ehepaar um Hilfe gebeten, weil es sich nicht entscheiden konnte, wie das Bad gestrichen werden sollte."

Ich lächelte und sagte: „Dann lassen Sie uns das Thema mal ein wenig genauer anschauen." Ich schaute Iris an und forderte sie auf: „Ich bin mir sicher, dass Sie Jan Ihre Gründe für ein grünes Badezimmer schon erzählt haben. Würden Sie mir diese Gründe auch erklären?" Sie ging ihre Liste durch, und ich machte mir ein paar Notizen. Als sie fertig war, sagte ich: „Das macht wirklich Sinn. Ich kann Ihre Gründe gut verstehen." Ihr Gesicht und ihre ganze Haltung entspannte sich.

Danach wandte ich mich an Jan und sagte: „Ich bin sicher, dass Sie ähnlich überzeugende Gründe dafür haben, warum das Badezimmer blau gestrichen werden sollte. Würden Sie mir Ihre Gründe erklären?" Als Jan mit seinen Argumenten fertig war, wiederholte ich meine Antwort: „Was Sie sagen, macht wirklich Sinn. Ich kann verstehen, warum Sie das Bad blau streichen wollen." Auch Jan entspannte sich, weil ich ihm zustimmte, doch Iris sah mich verblüfft an. Sie sagte: „Sie haben jedem von uns zugestimmt. Das löst aber unseren Konflikt nicht."

„Sie haben recht", antwortete ich. „Doch ich glaube, dass keiner von Ihnen an einer Lösung interessiert ist. Sie sind immer noch im Streitmodus und noch nicht im Lösungsmodus."

„Was meinen Sie damit?", fragte Iris.

„Wie haben Sie sich gefühlt, als ich Verständnis für Ihre Farbwahl gezeigt habe?", fragte ich.

„Gut", antwortete sie. „Ich hatte das Gefühl, dass Sie meine Ansicht respektieren."

Dann schaute ich Jan an und fragte: „Wie haben Sie sich gefühlt, als ich Ihnen signalisiert habe, ich könne verstehen, warum Sie ein blaues Badezimmer wollen?"

„Ich hatte das Gefühl, dass Sie mir zuhören", antwortete er. „Als ob das, was ich sage, für Sie Sinn macht."

„Damit habe ich etwas für Sie beide getan, was Sie bisher noch nicht füreinander getan haben", sagte ich. „Sie haben sich vehement für Ihre eigene Meinung eingesetzt, aber Sie haben die Ansicht des anderen noch nicht anerkannt." Ich wandte mich wieder an Jan: „Können Sie zu Ihrer Frau ehrlich dasselbe sagen, was ich zu ihr gesagt habe? ‚Was du sagst, macht wirklich Sinn. Ich kann verstehen, warum du das Bad gerne grün streichen möchtest.' Denn ich glaube, ihre Argumente machen tatsächlich Sinn. Können Sie dem zustimmen?"

„Ja", antwortete er. „Aber ich finde meine Idee immer noch besser."

„Das ist verständlich, aber wären Sie bereit ihre Ansicht zu bestätigen, indem Sie etwas Ähnliches sagen wie ich?"

„Meinen Sie jetzt sofort?"

„Ja, jetzt wäre eine gute Zeit dafür."

Jan schaute seine Frau an und sagte: „Ich kann deine Argumente verstehen. Ich weiß, warum du das Badezimmer gerne grün streichen möchtest. Und abgesehen davon: Ich liebe dich", fügte er noch lächelnd hinzu. Iris und ich mussten beide auch lächeln.

„Das ist doch schon einmal ein guter Anfang", sagte ich. „Und jetzt Sie, Iris. Können Sie zu Jan etwas Ähnliches sagen?"

Sie nickte und schaute Jan in die Augen. „Was du sagst, macht auch Sinn. Und ich kann verstehen, warum du das Badezimmer gerne blau streichen möchtest. Und ich liebe dich auch", sagte sie.

„Jetzt, denke ich, sind Sie bereit für eine Lösung", sagte ich. „Sie sind nicht länger Feinde, sondern zwei Freunde, die ein Problem lösen wollen. Welche Möglichkeiten haben Sie jetzt?"

„Wir könnten das Bad grün streichen", bot Jan an.

„Oder wir streichen es blau", sagte Iris. „Oder wir mischen die beiden Farben und streichen das Bad aquamarin."

„Mir fällt noch eine andere Möglichkeit ein", mischte ich mich ein. „Sie könnten einige Wände blau und die anderen grün streichen."

„Daran habe ich noch gar nicht gedacht", sagte Iris.

„Ich auch nicht", sagte Jan.

„Ich habe noch nie ein zweifarbiges Bad gesehen", freute sich Iris.

„Ich auch nicht." Jan war richtig begeistert. „Das wäre wirklich einzigartig, oder? Wahrscheinlich würden wir viele Kommentare darüber hören."

„Ich finde die Idee gut", sagte Iris. „Was denkst du darüber, Jan?"

„Ich finde die Idee super. Wir werden das außergewöhnlichste Bad der ganzen Gegend haben. Und wenn uns die Nachbarn fragen, warum wir uns für die zwei

Farben entschieden haben, dann erzählen wir ihnen von unserem Konflikt und wie wir ihn gelöst haben."

Wenn ein Ehepaar lernt, seine Konflikte auf diese Weise zu lösen, und zusammenarbeitet, um sich zu verstehen, zu ermutigen und sich zu unterstützen, dann führt es eine glückliche Ehe. Das alte hebräische Sprichwort „Zwei sind besser als einer" bewahrheitet sich dann.[1] Ihr tiefes emotionales Bedürfnis nach Nähe und Gemeinschaft wird erfüllt. Die Partner sind emotional miteinander verbunden. Sie gehen gemeinsam mit einem Gefühl der Harmonie durchs Leben und erreichen zusammen sehr viel mehr, als einer allein je erreicht hätte.

Ungelöste Konflikte jedoch werden schnell zu Mauern und Barrieren für Harmonie. Das Leben wird zum Schlachtfeld, und Mann und Frau werden zu Feinden. Mithilfe von verbalen Minen und Bomben kämpfen sie dieselben Kämpfe immer und immer wieder und fügen sich Verletzungen zu, die sie nur noch weiter auseinanderbringen. Nach einer nicht enden wollenden Reihe von ungelösten Konflikten sagt der Ehemann dann: „Wir passen einfach nicht zusammen. Wir hätten gar nicht erst heiraten dürfen. Wir sind ja wie Feuer und Wasser. Ich kann mir gar nicht vorstellen, wie wir das lösen könnten." Seine Frau antwortet darauf wahrscheinlich mit Tränen in den Augen: „Wie konnte es nur so weit kommen? Wir haben unser Zusammensein doch so genossen, bevor wir geheiratet haben. Ich

---

[1] Prediger 4, 9.

weiß gar nicht, wo wir den falschen Weg eingeschlagen haben." Die akademische Antwort auf diese Frage ist einfach: Sie haben es nie gelernt, wie man Konflikte löst. Vielleicht haben sie erwartet, dass es nie einen Konflikt gibt. In der Verliebtheitseuphorie erkennen Paare nur selten, wie unterschiedlich sie sind, und können sich nur schwer vorstellen, dass es zu schwerwiegenden Auseinandersetzungen kommen könnte.

Aber jedes Paar kann lernen, wie man Konflikte löst. Ich möchte das Wort *lernen* hier besonders betonen. Die Fähigkeit, Konflikte zu lösen, ist einem nicht in die Wiege gelegt. Genauso wie Sie lernen können, Fahrrad zu fahren, Auto zu fahren oder einen Computer zu benutzen, können Sie auch lernen, Konflikte zu lösen. Wahrscheinlich müssen Sie dafür ein paar Dinge ändern: Vielleicht müssen Sie in einigen Bereichen Ihre innere Einstellung und Ihre Motive hinterfragen, zuhören lernen, Ihren Partner und seine Vorstellungen mit Respekt behandeln und Lösungen verhandeln lernen. Doch man kann es schaffen. Es ist nicht einfach, aber wenn Sie es schaffen, dann sind die Auswirkungen phänomenal.

Warum ist es so wichtig, Konflikte zu lösen? Ein Ehemann hat das einmal so ausgedrückt: „Es ist ein Unterschied wie zwischen Himmel und Hölle. Jahrelang ging es uns beiden miserabel. Als wir dann schließlich gelernt haben, wie man Konflikte lösen kann, konnte ich das erste Mal das Licht am Ende des Tunnels sehen. Jetzt weiß ich, wie es ist, wenn man verheiratet und trotzdem glücklich ist. Ich verstehe gar nicht mehr, warum wir so lange gewartet haben, bevor wir uns Hilfe gesucht haben."

Praktische Schritte:

1. Welche *Unterschiede* zwischen Ihnen und Ihrem Partner fallen Ihnen ein, die zu Konflikten geführt haben?
2. Auf welche Weise könnten diese Unterschiede eine Bereicherung für Ihre Ehe werden, wenn Sie lernen, Ihre Konflikte zu lösen und als Team zusammenzuarbeiten?
3. Konflikte, die auf eine positive Weise gelöst werden, schaffen Nähe. Können Sie sich an einen noch nicht lange zurückliegenden Konflikt erinnern, den Sie in positiver Weise gelöst haben? Warum war die Lösung positiv? Oder haben Sie diesen Konflikt nicht positiv gelöst? Was hat Sie daran gehindert, eine positive Lösung zu finden?

3. Auf die Einstellung kommt es an

Oft entscheidet die innere Einstellung darüber, ob man einen Konflikt lösen kann oder ob es zum Streit kommt. Warum streiten sich Menschen? Meist wegen *Sturheit.* Wir stellen auf stur und warten einfach ab. Damit sagen wir: „Ich habe recht, und wenn du es nicht so machst, wie ich es will, dann wirst du es bereuen." Das ist die Einstellung eines *Streithahns*, der darauf besteht, dass alles nach seiner Pfeife tanzt.

Konfliktlöser haben eine andere Einstellung. Sie sagen eher: „Ich bin mir sicher, dass wir eine Lösung finden, mit der wir beide gut leben können. Lass uns gemeinsam darüber nachdenken." Ehepartner mit dieser Einstellung suchen nach einer Lösung, bei der beide Seiten gewinnen.

Erinnern Sie sich noch an Michael und Petra – das Ehepaar aus dem ersten Kapitel, das sich über die Sportschau gestritten hat? Offensichtlich konnte keiner von beiden die Position des anderen wirklich verstehen. Durch ihren Streit haben sie sich den ganzen Abend verdorben und eine hohe Mauer zwischen sich aufgebaut. Doch mit einer anderen Einstellung hätte es ganz anders laufen können.

Was wäre passiert, wenn Petra gerne zu einer Übereinkunft gekommen wäre? Sie hätte sagen können: „Ich weiß, dass du samstags sehr gerne Fußball schaust, Michael. Bei nichts anderem entspannst du dich so sehr, gerade wenn deine Woche anstrengend war. Doch ich fühle mich dadurch manchmal einsam, so als ob du mich aus deinem Leben ausschließt. So möchte ich mich nicht fühlen. Wenn du bereit bist, dann würde ich gerne mit dir darüber reden, damit wir eine Lösung finden können. Ich bin mir sicher, dass wir das schaffen. Ich liebe dich sehr, und ich will nicht, dass sich etwas zwischen uns drängt."

Wenn Michael sich auf diesen Anfang einer Konfliktlösung eingelassen hätte, dann wäre das Gespräch vielleicht folgendermaßen weiterverlaufen: „Du hast recht, Liebling. Ich schaue wirklich gerne Fußball, doch unsere Beziehung ist mir wichtiger als alles andere. Ich bin mir sicher, dass wir eine Lösung finden können, die deinen und meinen Bedürfnissen gerecht wird. Können wir in der Halbzeit darüber reden?" Dadurch hätte der Abend für Michael und Petra ganz anders verlaufen können, und wahrscheinlich wären sie zu einer Lösung gekommen, mit der beide gut leben können.

Respekt

Um eine Lösung zu finden, bei der beide Seiten gewinnen, müssen Sie erst einmal davon überzeugt sein, dass es eine solche Lösung überhaupt gibt und dass Sie und Ihr Partner diese auch finden können. Dieser Prozess fängt an, wenn Sie erkennen, dass Sie mit einem Menschen verheiratet sind, der als Ebenbild Gottes geschaffen ist und daher sehr wertvoll ist. Denn dann begegnen Sie Ihrem Partner mit Respekt. Wenn sie sich gegenseitig respektieren, sind beide Partner viel eher dazu bereit, einen Konflikt zu lösen, anstatt sich mit dem anderen ein heftiges Wortgefecht zu liefern.

Dadurch erkennen wir, dass jeder Mensch einzigartig ist und dass unsere Unterschiede unseren Wert nicht mindern. Jeder Mensch wünscht sich, mit Würde und Respekt behandelt zu werden. Auf den Ehepartner bezogen bedeutet das, dass wir nicht mehr versuchen, unseren Partner nach unserem Bild zu verändern und zu erwarten, dass er sich immer von unserer Meinung überzeugen lässt. Wir geben ihm die Freiheit, anders zu denken und zu fühlen als wir, und respektieren seine Gefühle und Gedanken. Wenn wir unserem Ehepartner mit Respekt begegnen, dann passiert es nicht mehr so schnell, dass wir ihm harte, verurteilende und verletzende Worte an den Kopf werfen.

Erinnern Sie sich noch an Jan und Iris, die sich nicht einigen konnten, welche Farbe ihr Badezimmer haben sollte? Ihnen wurde im Laufe der Beratung deutlich, wie beruhigend es sich auf einen Konflikt auswirkt, wenn man die Meinung des anderen respektiert. Sowohl Jan als auch Iris äußerten ihre Vorstellungen sehr deutlich, und sie waren wirklich davon überzeugt, dass ihre eigene Meinung sehr viel richtiger war und mehr Sinn machte als die des anderen. Doch erst als sie ihrem Partner zeigten, dass sie seine Meinung respektierten, haben sie die *Angriffshaltung* aufgegeben und haben sich um eine *Konfliktlösung* bemüht. Solange ein Ehepartner die Ideen des anderen als minderwertig abtut, kommt es nicht zu einer befriedigenden Lösung. Doch wenn die Ehepartner bewusst die Meinung des anderen respektieren, selbst wenn sie ihr nicht zustimmen können, dann entsteht dadurch eine Atmosphäre, in der man *zusammen* nach einer Lösung suchen kann.

Liebe

Noch etwas anderes zeichnet Menschen aus, die Konflikte lösen wollen: eine liebevolle innere Haltung. Eine Frau sagte dazu einmal: „Ich möchte, dass es meinem Mann gut geht. Ich bin bereit, alles zu tun, damit sein Leben lebenswerter wird und er seine Ziele erreichen kann." Wenn ihr Mann sie genauso liebevoll behandelt, dann finden sie gemeinsam Lösungen für ihre Konflikte, die beiden Partnern helfen und sie weiterbringen. Egoismus ist das Gegenteil von Liebe. Egoistische Menschen versuchen anderen ihren Willen aufzuzwingen. Ihnen ist es wichtig, dass sie „ihren Kopf durchsetzen". Liebende Menschen dagegen wollen das Beste für ihren Partner.

Bei einem Besuch bei Johannes und Birgit konnte ich diese Liebe besonders gut beobachten. Sie waren erst vor Kurzem in unsere Stadt gezogen und hatten unseren Gottesdienst besucht. Während eines Gesprächs fand ich heraus, dass sie im vorigen Jahr ihren dreijährigen Sohn bei einem tragischen Bootsunglück verloren hatten. Sie hatten noch zwei weitere Kinder, die jetzt fünf und sieben waren, und sie erzählten mir, dass Birgit wieder schwanger war.

„Für Sie als Eheberater ist unsere Geschichte wahrscheinlich besonders interessant, Gary", sagte Birgit.

„Unsere Entscheidung für ein weiteres Kind war nicht einfach für uns. Johannes wollte kein weiteres Kind, doch ich war fest davon überzeugt, dass es gut für uns sei."

Ich sah Johannes an, und er sagte: „Der Schmerz war so tief, als wir Josua verloren haben, dass ich den Gedanken nicht ertragen konnte, da noch einmal durchzugehen. Ich war mit meinen beiden Kindern glücklich und wollte meine Zeit mit ihnen genießen."

„Das kann ich verstehen", erwiderte ich.

Birgit fuhr fort: „Ich hatte das Gefühl, dass mein Verlust so groß war, dass die Wunde niemals ohne ein weiteres Baby heilen würde. Es war ein echter Konflikt zwischen uns."

„Wie haben Sie den Konflikt dann gelöst?", fragte ich.

„Wir haben beide die Meinung des anderen respektiert", sagte Johannes. „Ich wusste, dass Birgit unbedingt noch ein weiteres Kind wollte, und sie wusste, dass ich genau das nicht wollte. Und uns beiden war klar, dass es uns damit ernst war."

„Wir beteten um Weisheit", erzählte Birgit weiter. „Als ich eines Morgens betete, kam mir die Geschichte von Abraham in den Sinn, der seinen Sohn Isaak auf dem Altar opfern sollte. Ich wusste, dass Abraham dafür bereit war, weil er Gott so sehr liebte. Dann schoss mir eine Frage durch den Kopf: ‚Liebe ich Johannes so sehr, dass ich bereit wäre, mein noch nicht gezeugtes Kind auf Gottes Altar zu opfern?' Ich habe noch nie jemanden so sehr geliebt wie Johannes. Er ist ein wundervoller Ehemann und Vater. Ich wusste, dass meine Antwort Ja war. Danach habe ich Johannes von meinem Gebet erzählt und was Gott mir gezeigt hatte. Ich erzählte ihm auch, dass ich bereit sei, kein weiteres Kind zu bekommen, weil ich ihn so sehr liebte."

„Ich habe wie ein Kind gweint, als sie mir das erzählte", erinnerte sich Johannes. „Vielleicht war es die tiefe Trauer in mir, aber ich habe dreißig Minuten lang hemmungslos geweint. Ich war von Birgits Liebe so überwältigt. An diesem Abend haben wir nicht mehr geredet, wir haben uns nur festgehalten und geweint. Am nächsten Tag bin ich zur Arbeit gegangen und habe noch einmal über alles nachgedacht. Ich spürte eine tiefe Liebe für meine Frau und wusste plötzlich, dass ich ihr auf keinen Fall ein weiteres Kind vorenthalten wollte. Als ich an diesem Abend nach Hause kam, sagte ich ihr, dass ich auch ein weiteres Kind wollte. Sie war zuerst etwas durcheinander, weil sie sich noch gut erinnern konnte, wie vehement ich gegen eine neue Schwangerschaft gekämpft hatte. Doch nach einiger Zeit merkte sie, dass es mir ernst war und ich wirklich ein weiteres Kind wollte. Sie können sich also vorstellen", strahlte er, „wie sehr wir uns über dieses Baby freuen."

Ich nickte zustimmend, und meine Augen füllten sich mit Tränen. Als ich wieder sprechen konnte, sagte ich: „Ich weiß nicht, wann ich je eine so tiefe Liebe zwischen zwei Menschen gesehen habe. Ich glaube, Gott hat große Pläne für dieses Kind."

Die Liebe versucht nicht, ihren Weg durchzusetzen, sondern will das Beste für den anderen. Unser liebevoller Umgang miteinander weist uns den Weg zur Lösung unserer Konflikte. Wenn wir aber von dem anderen immer nur fordern und eigentlich nur unseren eigenen Weg durchsetzen wollen, dann führt das unweigerlich zum Streit.

Gemeinsam an einem Strang ziehen

In vielen Sportarten kommt es auf die Teamarbeit an. Egal, ob beim Fußball, beim Basketball oder beim Autorennen, jedes Teammitglied hat eine Aufgabe. Wenn das Team gut zusammenarbeitet, dann steigt die Wahrscheinlichkeit, dass es auch gewinnt. Eine Ehe besteht aus einem Zweierteam: einem Mann und einer Frau. Aus christlicher Perspektive ist das Ziel einer Ehe, gemeinsam ein Leben zur Ehre Gottes zu leben. In der Ehe geht es also nicht um „mich und mein Glück". In einer Ehe geht es um zwei Menschen, die gemeinsam auf dem Weg sind und Gott dienen wollen.

Ein Ehemann und eine Ehefrau bringen viele Fähigkeiten mit in ihre Ehe. Wenn sie sich als Team verstehen, dann kämpfen sie nicht gegeneinander, sondern wollen zusammenarbeiten. Das Gefühl, zusammenzugehören, schafft das richtige Klima, um Konflikte zu lösen. Konflikte sind unvermeidbar, doch wenn sich ein Ehepaar als Team versteht, gehen sie das Problem an und nicht den Partner. Mit dieser inneren Einstellung sagt man: „Wir lassen uns dadurch nicht unterkriegen. Wir werden schon eine Antwort finden."

Oliver und Rita hatten einen großen Konflikt über

das Verhalten ihres zweijährigen Sohnes Calvin. Oliver war der Meinung, dass Calvin ab und zu einmal einen Klaps auf den Hosenboden brauchte. So hatten es seine Eltern mit ihm auch gemacht, und aus ihm war ja etwas Ordentliches geworden. Rita fand schon den Gedanken daran erschreckend. Sie konnte sich nicht erinnern, je von ihren Eltern einen Klaps bekommen zu haben. Meine erste Frage war: „Wollen Sie, dass Calvin zwei Elternteile hat oder nur eins?"

„Zwei natürlich", antwortete Oliver, und Rita nickte zustimmend.

„Natürlich", fuhr ich fort. „Wollen Sie, dass jedes Elternteil tut, was in seinen Augen richtig ist, oder wollen Sie gemeinsam an einem Strang ziehen?"

„Wir müssen unbedingt einen gemeinsamen Weg finden", erwiderte Oliver. „Was wir bisher getan haben, funktioniert nicht. Es macht nur unsere Ehe kaputt."

„Es zerreißt mich innerlich, wenn ich sehe, dass er Calvin einen Klaps auf den Po gibt", sagte Rita.

„Ich möchte aber nicht, dass er aufwächst und nicht lernt, Verantwortung für sein Handeln zu übernehmen", entgegnete Oliver.

„Ich auch nicht", sagte Rita.

„Sie scheinen ja beide dasselbe Ziel erreichen zu wollen", bemerkte ich. „Sie wollen beide, dass aus Calvin einmal ein verantwortungsbewusster junger Mann wird." Oliver und Rita nickten beide. „Ihr Konflikt liegt in der Methode, wie Sie dieses Ziel erreichen wollen. Können wir uns darauf einigen, dass Sie Teamkollegen und keine Feinde sind?"

„In der letzten Zeit haben wir uns eher wie Feinde verhalten", sagte Rita darauf. „Doch ich glaube, wir wollen eigentlich als Team zusammenarbeiten."

„Es ist absolut wichtig, dass Sie sich das immer wieder bewusst machen", fuhr ich fort, „denn wenn Sie so weitermachen wie bisher, wird Caleb sehr wahrscheinlich mit sehr wenig Verantwortungsgefühl groß. Ich möchte jetzt gerne, dass Sie sich an den Händen fassen und mir nachsprechen ..."

Sie sahen beide etwas geschockt aus, doch Oliver streckte seine Hand aus und fasste nach der Hand seiner Frau.

„Wir sind ein Team", sagte ich.

Beide wiederholten: „Wir sind ein Team."

„Glauben Sie das?", fragte ich.

„Ja", antworteten sie wie aus einem Mund.

„Dann lassen Sie uns anfangen."

Ich gab ihnen eine Hausaufgabe bis zu unserer nächsten Sitzung. Sie sollten herausfinden, wie andere Ehepaare über Schläge bei der Kindererziehung dachten und fühlten und was Entwicklungspsychologen über dieses Thema schreiben. Nachdem Rita und Oliver etwas nachgeforscht hatten, diskutierten wir ihre Ergebnisse in unserer Sitzung. Oliver hatte herausgefunden, dass es mehr als nur einen Weg gibt, ein Kind zurechtzuweisen, und Rita war aufgefallen, dass ein Klaps in einem sonst liebevollen Umfeld nicht so schrecklich war, wie sie immer gedacht hatte. Am Ende einigten sie sich auf drei abgestufte Reaktionen, mit denen sie auf Calvins ungezogenes Verhalten antworten wollten: Auf der 1.

Ebene wollten sie ihn mit Worten zurechtweisen; wenn er darauf nicht reagierte, sollte er auf der 2. Ebene einige Vorrechte verlieren; erst auf der 3. Ebene würde er einen Klaps bekommen. In der nächsten Zeit wollten sie beobachten, welche Form bei Calvin am meisten half. Außerdem wollten sie sich weiter mit dem Thema beschäftigen und zusätzlich einen Erziehungskurs für Kleinkinder besuchen. Es war das Gefühl, zusammenzugehören und an einem Strang ziehen zu wollen, das Rita und Oliver dabei half, einen gemeinsamen Weg für die Erziehung ihres Kindes zu finden.

Letztlich sind es Respekt, Liebe und der Wille, gemeinsam an einem Strang zu ziehen, die uns dazu bringen, unsere Konflikte lösen zu wollen. Dabei können wir uns jeden Tag neu entscheiden, wie wir uns verhalten wollen. Leider setzen sich immer wieder egoistische Motive durch: „Mein Weg ist der richtige." Von unserem Wesen her sind wir alle egozentrisch. Das ist auch der Grund, warum es in der Ehe so viele Konflikte gibt. Doch mit Gottes Hilfe können wir uns dafür entscheiden, dem anderen mit Respekt, Liebe und der Bereitschaft zur Zusammenarbeit zu begegnen. Viele Paare, die ich begleitet habe, fanden es hilfreich, sich die folgenden Aussagen an einen gut sichtbaren Ort in ihrer Wohnung zu hängen. Diese kleinen Erinnerungen helfen, sich jeden Tag neu für diese drei Grundpfeiler der Konfliktlösung zu entscheiden:

- Ich will die Meinung meines Partners respektieren, auch wenn ich ihr nicht zustimmen kann.
- Ich will meinem Partner meine Liebe zeigen und alles tun, um ihm oder ihr heute zu helfen.
- Ich will mit meinem Partner als Team zusammenarbeiten und glauben, dass wir mit Gottes Hilfe Lösungen für unsere Konflikte finden können.

Dadurch lernen wir, aufeinander zu hören und aufeinander zu achten. Im nächsten Kapitel soll es darum gehen, wie man empathisch zuhören kann.

Praktische Schritte:

1. Lernen Sie die folgende Aussage auswendig und sagen Sie sich das gegenseitig, wenn der nächste Konflikt im Gange ist: „Ich bin mir sicher, dass wir eine Lösung finden können, die für uns beide gut ist. Lass uns darüber reden. Was könntest du dir vorstellen?"

2. Es schafft eine positive Atmosphäre, wenn Sie Ihren Respekt für die Vorstellungen Ihres Partners äußern. Lernen Sie die folgende Aussage auswendig und benutzen Sie sie beim nächsten Konflikt mit Ihrem Ehepartner: „Ich kann verstehen, warum du so darüber denkst. Lass mich dir jetzt meine Gedanken erzählen. Vielleicht kannst du dann ja auch meine Position verstehen."

3. Egoistische Menschen versuchen anderen ihre Ideen aufzuzwingen. Liebevolle Menschen dagegen wollen das Beste für den anderen. Wie würden Sie Ihre Haltung dem Partner gegenüber einschätzen, eher egoistisch oder liebevoll?

4. Respekt, Liebe und die Bereitschaft, mit dem anderen zusammenzuarbeiten, ermöglichen es uns, Lösungen für unsere Konflikte zu finden, von denen beide Seiten profitieren. Wie offen sind Sie, Ihre innere Haltung dazu neu zu überdenken und zu verändern?

4. Um Konflikte zu lösen, muss man zuhören

*E*s liegt in der Natur der Sache, dass durch einen Konflikt die unterschiedlichen Meinungen von zwei Menschen deutlich werden. Doch inmitten eines jeden Konflikts leuchtet immer wieder ein großes Schild auf mit der Aufschrift: „Nehmt euch Zeit zum Zuhören." Konflikte können nicht ohne wirklich gutes Zuhören gelöst werden. Ich benutze das Wort *gut* (oder auch *empathisch*) deshalb, weil so viele Paare der Meinung sind, dass sie zuhören, in Wahrheit aber laden sie nur ihre verbalen Kanonen neu. Gutes Zuhören heißt, dass wir versuchen zu verstehen, was der andere denkt und fühlt. Wir wechseln sozusagen die Perspektive und bemühen uns, die Welt aus dem Blickwinkel des anderen zu betrachten. Es heißt auch, dass wir unsere verbalen Waffen niederlegen, damit wir uns wirklich auf den Standpunkt des anderen einlassen können. Statt uns also darauf zu konzentrieren, eine möglichst gute und schlagfertige Antwort auf die Aussage des anderen zu finden, konzentrieren wir uns ganz auf das, was der andere gerade sagt.

Betonen Sie die Bedeutung der Beziehung
Verstehendes Zuhören beginnt, wenn beide Partner sich auch im Konflikt der Bedeutung ihrer Beziehung bewusst sind. Wenn ein Konflikt heraufzieht, dann

kommt es darauf an, dass man das richtige Ziel vor Augen hat: „Ich möchte gerne verstehen, was du sagst, denn ich weiß, es ist dir wichtig. Und unsere Beziehung bedeutet mir sehr viel." Ich möchte Sie ermutigen, diese Aussage auf ein kleines Kärtchen zu schreiben und auswendig zu lernen. Wenn dann ein Konflikt entsteht, brauchen Sie nicht lange nachzudenken, sondern können sofort die Weichen für eine Lösung des Konflikts stellen. Indem Sie so die Bedeutung Ihrer ehelichen Beziehung betonen, wählen Sie bewusst die Rolle eines *guten Zuhörers* – eines Zuhörers, der die Gedanken und Gefühle seines Ehepartners entdecken will. Wenn Sie sich nicht bewusst selbst daran erinnern, dass Sie ein Zuhörer sein wollen, dann fallen Sie aus Gewohnheit sofort wieder in die Rolle des Streitenden.

Ich kann mich noch genau an David erinnern, der zu mir sagte: „Ihr Vorschlag, sich für die Rolle des Zuhörers zu entscheiden, war äußerst hilfreich für mich. An dem Tag bin ich nach Hause gegangen und habe mir ein kleines Schild gebastelt, auf dem stand: „Ich bin ein Zuhörer." Wenn meine Frau und ich eine Auseinandersetzung haben, dann hänge ich dieses Schild um meinen Hals, damit ich ständig daran erinnert werde. Meine Frau lächelt dann immer und sagt: ‚Ich hoffe, das stimmt auch.' Das Schild hilft mir, mich daran zu erinnern, dass ich erst zuhöre, bevor ich rede." Mithilfe dieses einfachen Schildes hat David sich zu einem guten Zuhörer entwickelt.

Die meisten Menschen brauchen ein bisschen Zeit und viel Hilfe, um gute Zuhörer zu werden, denn das sind wir nicht von Natur aus – wir reagieren statt zuzuhören. Eine Forschungsgruppe hat herausgefunden, dass ein Mensch normalerweise nur siebzehn Sekunden zuhört, bevor er den anderen unterbricht, um seine eigene Meinung zu sagen. Diese schnellen Erwiderungen lösen oft Konflikte aus, denn man hat gar nicht richtig zugehört.

Natalie und Peter waren bereits fünfzehn Jahre verheiratet, als sie zu mir in die Beratung kamen. Natalie war kurz davor, sich von ihrem Mann zu trennen. Als ich sie fragte, was das Problem sei, antwortete sie: „Er hört mir nie zu. Eigentlich streiten wir uns nur noch. Für nichts finden wir eine Lösung. Ich habe das Streiten so satt."

Dann schaute ich Peter an, und er sagte: „Wir streiten uns gar nicht die ganze Zeit. Wir haben auch gute Zeiten – eigentlich mehr gute Zeiten als schlechte. Doch immer wenn sie irgendeine Sache aufwühlt, dann will sie, dass ich ihr zustimme. Ich bin aber nicht immer einer Meinung mit ihr, und dann streiten wir uns. Trotzdem glaube ich nicht, dass wir uns mehr streiten als andere Paare."

„Andere Paare sind mir egal!", warf Natalie ein. „*Unsere* Beziehung ist mir wichtig. Du weißt ja gar nicht, wer ich bin, weil du nie lange genug zuhörst, um es herauszufinden. Du hast immer recht. Du hast noch nicht einmal Zeit, dir meine Meinung zu den Themen anzuhören. Wir kannst du dann anderer Meinung sein?"

Als ich Peter ansah, sagte er: „Es ist doch ernster, als ich dachte."

„Was hat Natalie Ihrer Meinung denn gesagt?", fragte ich ihn.

„Dass sie glaubt, ich weiß nicht, wer sie ist. Vielleicht hat sie damit sogar recht."

„Wüssten Sie denn gerne, wer sie ist?", bohrte ich etwas weiter.

„Ich weiß nicht", antwortete er ehrlich. „Vielleicht höre ich dann Dinge, die ich gar nicht hören will."

„Doch wenn diese Dinge wahr sind, würden Sie sie dann lieber hören, oder würden Sie sich eher wünschen, dass Natalie sich in sich zurückzieht und nie mehr ihre Gedanken und Gefühle mit Ihnen teilt?", wollte ich wissen.

„Ich glaube, ich würde sie lieber hören", sagte er.

„Dann lassen Sie uns die nächsten zehn Minuten als Zuhörer verbringen. Sie und ich hören Ihrer Frau zu, und Sie, Natalie, beschreiben uns, wie Sie Ihre Beziehung sehen. Keiner von uns beiden unterbricht sie, egal, was sie sagt, o.k.? Sie und ich versuchen zu verstehen, was in ihr vorgeht. Vielleicht mögen Sie die Dinge nicht, die sie sagt, oder Sie sind ganz anderer Meinung, doch in den nächsten Minuten konzentrieren wir uns ganz darauf, was sie denkt und fühlt. Eventuell stelle ich ihr ein paar Fragen, um ihr weiterzuhelfen, aber ich möchte nicht, dass Sie irgendetwas sagen, Peter. Ich möchte, dass Sie einfach nur zuhören."

In den nächsten zehn Minuten hörte Peter seiner Frau einfach nur zu. Es war die erste von vielen „Zuhörsitzungen", die wir im Laufe der nächsten drei Monate hatten. In diesen Sitzungen machte Peter die ersten Schritte auf dem Weg zur Lösung ihrer Konflikte.

Am Anfang dieses Lernprozesses ist es für viele Paare hilfreich, jedem Partner eine bestimmte Zeit vorzugeben, die er zuhören soll. Je mehr beide Ehepartner das Zuhören lernen, desto mehr kann man diese künstlichen Zeitvorgaben wieder vergessen, denn dann werden solche Zuhörzeiten immer mehr ein Gespräch. Doch hören Sie nicht zu früh auf; erst müssen Sie das Zuhören wirklich gelernt haben.

Sagen Sie Ihrem Partner, was Sie gehört haben
Beim zweiten Schritt auf dem Weg zum guten Zuhörer geht es darum, dass man dem Partner sagt, was man gehört hat. Das ist die altbewährte Methode des „aktiven Zuhörens", bei der der Zuhörer das wiederholt, was der Redner gesagt hat, ohne es gleich als gut oder schlecht zu bewerten. David, der Mann mit dem „Zuhörerschild" um den Hals, sagte zu seiner Frau: „Was ich höre, ist: Du bist enttäuscht, weil ich den Müll nicht rausbringe, wenn du mich nicht daran erinnerst. Ich höre, dass du dir wünschst, ich würde diese Aufgabe ernster nehmen, und dass du dir immer vorkommst, als wärest du meine Mutter, wenn du mich an den Müll erinnerst. Du willst aber nicht meine Mutter, sondern meine Geliebte sein. Nun ja, das Letzte hast du nicht so gesagt, aber ich habe das Gefühl, dass du das sagen wolltest. Habe ich recht?"

Seine Frau Johanna antwortete darauf: „Ja, du hast recht. Ich möchte deine Geliebte sein, und das fällt mir schwer, wenn ich dich jeden Tag an eine solche Kleinigkeit erinnern muss. Ich habe sowieso so viel zu tun, besondern jetzt, seit das Baby da ist. Ich wünschte mir einfach, dass ich mich um den Müll überhaupt nicht mehr kümmern muss."

Darauf sagte ihr Mann: „Ich höre, dass du dich überarbeitet fühlst, seit das Baby da ist. Wenn ich ab heute den Müll ohne dass du mich darum bitten musst einfach rausbringen würde, dann würde dir das sehr helfen."

„Das stimmt", erwiderte Johanna. „Eigentlich ist es ja nur eine Kleinigkeit, doch es bedeutet mir sehr viel."

„Das kann ich verstehen", sagte David. „Ich mache das gerne für dich. Welche Zeit wäre denn am besten für dich?"

„Direkt nach dem Abendessen", erklärte Johanna, „bevor du irgendeine andere Sache anfängst. Wenn du bis zum nächsten Morgen wartest, dann stinkt es immer so. Außerdem möchte ich nicht jeden neuen Tag mit einem vollen Mülleimer anfangen."

„Einverstanden, lass es uns so machen", stimmte ihr David zu. „Ich wusste ja gar nicht, dass es dir so wichtig ist."

„Aber ich versuche es dir nun schon seit Monaten zu erklären", sagte Johanna.

„Ich weiß", erwiderte David. „Wahrscheinlich habe ich dir nie richtig zugehört. Wenn du das nächste Mal das Gefühl hast, ich höre dir nicht zu, dann erinnere mich daran, mein Schild umzuhängen."

David hat seiner Frau immer wieder gespiegelt, was er gehört hat, um sicherzustellen, dass er sie richtig verstand. Ohne diese Fragen hätte er vielleicht nie herausbekommen, was seine Frau wirklich denkt und fühlt. Außerdem hat er erkannt, warum sie sich bestimmte Dinge wünscht und wie seine Reaktion auf diese Wünsche ihre Gefühle ihm gegenüber beeinflusst. Nachdem er ihre Gedanken und Gefühle verstanden hatte, konnten sie sich gemeinsam eine gute Lösung überlegen. Jeden Tag den Müll zu einer bestimmten Zeit rauszutragen, ohne daran erinnert zu werden, war ein kleiner Preis für eine bessere eheliche Beziehung. Hätte David sich nicht auf das Gespräch eingelassen und sich anders verhalten, hätte es schnell zu einem handfesten Konflikt über die Vor- und Nachteile des täglichen Müllraustragens kommen können. Nach dem Streit hätten sich zwei verletzte, abweisende und entfremdete Menschen in sich zurückgezogen. Stattdessen sind sie durch gutes Zuhören und Verständnisfragen zu einer für beide Seiten befriedigenden Lösung gekommen.

Schenken Sie Ihrem Partner Ihre ungeteilte Aufmerksamkeit

Der dritte Aspekt beim guten Zuhören ist Ihre ungeteilte Aufmerksamkeit. Versuchen Sie nicht Fernsehen zu schauen, Zeitung zu lesen oder zu bügeln, während Sie Ihrem Ehepartner zuhören. Beim empathischen Zuhören geht es darum, dass der Ehepartner weiß, dass er gehört worden ist. Wenn Sie alles andere zur Seite legen und Ihrem Ehepartner Ihre ungeteilte Aufmerksamkeit schenken, dann sagen Sie damit, dass Ihnen

Ihre Beziehung wichtiger ist als alles andere. Ohne auch nur ein Wort zu sprechen, zeigen Sie Ihrem Ehepartner, dass Sie an seinen Gedanken und Gefühlen wirklich interessiert sind. Auch Augenkontakt oder ab und zu ein Kopfnicken zeigen dem Partner, dass Sie wirklich bei der Sache sind. Schauen Sie nicht aus dem Fenster oder spielen Sie nicht mit einem Kugelschreiber und gehen Sie *niemals* aus dem Raum, während Ihr Partner seine Gefühle mit Ihnen teilt.

Wenn es Ihnen so geht wie vielen anderen, dann ist es für Sie sehr schwer, Ihrem Partner Ihre ungeteilte Aufmerksamkeit zu schenken. Ich erinnere mich noch an eine Frau, die zu mir sagte: „Ich habe nur ein paar Stunden am Abend, wenn die Kinder im Bett sind. Meistens sind dann noch tausend Dinge zu erledigen. Wenn mein Mann ein Problem hat, dann möchte er immer, dass wir uns zusammensetzen und ich ihm zuhöre. Ich sage ihm meistens, dass ich ihm auch zuhören kann, wenn ich die Wäsche dabei zusammenlege. Nein, er will, dass ich ihn dabei anschaue. Wo wir gerade dabei sind: Warum legt er nicht die Wäsche zusammen, während ich den Kindern etwas vorlese? Dann könnte ich ihm auch meine ungeteilte Aufmerksamkeit schenken." Für diese Frau war es sehr schwer, ihrem Mann die ungeteilte Aufmerksamkeit zu schenken, weil sie sich von der Hausarbeit fast überwältigt fühlte.

Auf der anderen Seite gibt es viele Männer, die voller Stolz erklären, dass sie drei Dinge gleichzeitig tun können. Ein Ehemann sagte einmal zu mir: „Ich bin einfach auf Multitasking gepolt. Ich kann mir gar nicht vorstellen, nur eine Sache zu tun. Wenn meine Frau darauf besteht, dass ich mich hinsetze, um ihr zuzuhören, fühle ich mich wie in einer Zwangsjacke oder als ob ich einfach Zeit verschwende. Es fiele mir überhaupt nicht schwer, ihr zuzuhören und gleichzeitig meinen Vortrag für die nächste Sitzung zu überarbeiten. Doch sie wird immer wütend, wenn ich das tue. Ich kann wirklich jedes Wort hören, das sie sagt, und mich trotzdem auch noch auf den Vortrag konzentrieren." Dieser Ehemann ist sehr ehrlich, aber er zeigt auch wenig Verständnis für die Dynamik in menschlichen Beziehungen.

Ungeteilte Aufmerksamkeit spricht sehr deutlich zu dem, der redet. Es zeigt ihm: „Du bist die wichtigste Person in meinem Leben. Ich möchte gerne hören, was du denkst und fühlst, weil mir unsere Beziehung wichtig ist."

Wenn Sie beim Zuhören allerdings auch noch andere Dinge tun, dann sagt das eher: „Ich habe außer dir noch viele andere Interessen im Moment. Doch rede ruhig weiter. Ich höre dir schon zu." Solche abgelenkten Zuhörer sind oft überrascht, wenn ihr Ehepartner plötzlich aufhört zu reden, den Raum verlässt und sich weinend im Schlafzimmer einschließt. Sie müssen Ihrem Partner Ihre ungeteilte Aufmerksamkeit schenken, wenn Sie ihm wirklich zuhören und ihn verstehen wollen.

Reden Sie erst über Ihre eigenen Ideen, wenn sich Ihr Partner verstanden fühlt

Erst wenn Ihr Partner Ihnen versichert hat, dass Sie ihn wirklich verstanden haben, können Sie Ihre Sicht der Dinge mit ihm besprechen. Viele Ehepaare machen den Fehler, dass sie dem anderen antworten, bevor sie das ganze Bild verstanden haben. Das führt unweigerlich zum Streit. Hören Sie so lange zu, wie Ihr Partner Ihnen etwas sagen will. Fragen Sie nach, um sicher zu sein, dass Sie ihn wirklich verstanden haben. Erst danach sollten Sie ihm Ihre Ansichten erzählen. Es gibt ein paar Fragen, die Ihnen helfen können, den richtigen Zeitpunkt dafür zu finden:

„Hast du das Gefühl, dass ich dich jetzt verstanden habe?" Wenn Ihr Partner mit Nein antwortet, lassen Sie es sich noch einmal erklären.

„Denkst du, ich weiß jetzt, wie du dich fühlst?" Ermutigen Sie Ihren Partner, seine Gefühle noch genauer zu beschreiben, wenn er die Frage negativ beantwortet.

Doch wenn die Antwort auf die beiden Fragen positiv ist, dann können Sie ihn fragen: „Kann ich dir jetzt erzählen, was ich denke und fühle?" Wenn Ihr Ehepartner dazu bereit ist, dann können Sie ihm alles aus Ihrer Sicht schildern. Denn jetzt ist Ihr Partner der Zuhörer.

Die Tatsache, dass sich der andere nun gehört und verstanden fühlt, macht es ihm leichter, aus der Rolle des Streithahns in die Zuhörerrolle zu schlüpfen. Er oder sie kann jetzt ehrlich sagen: „Ich höre dir gerne zu, denn ich habe das Gefühl, du hast mich wirklich verstanden. Ich weiß, dass deine Meinung dir auch sehr wichtig ist und sicher Sinn macht. Deshalb möchte ich dich auch gerne verstehen." Nun schenkt Ihr Partner Ihnen seine ungeteilte Aufmerksamkeit, spiegelt Ihnen, was Sie sagen, und stellt Verständnisfragen, bis auch Sie sich gehört und verstanden fühlen.

Gutes Zuhören schafft eine positive Atmosphäre. Streit dagegen bewirkt das Gegenteil. Und Konflikte lassen sich viel leichter in einer freundlichen Atmosphäre lösen.

Wäre David nicht bereit gewesen, seiner Frau wirklich zuzuhören, als das Gespräch auf den Müll kam, hätte er sagen können: „O.k., ich bring den Müll raus. Sprich es einfach nicht mehr an." Das Gespräch wäre damit beendet gewesen, der Konflikt nicht. Der Konflikt konnte nur so gelöst werden, weil David seine Frau erst richtig verstehen wollte, bevor er sich auf die Suche nach einer Lösung machte. Hören Sie so lange zu und stellen Sie dabei Verständnisfragen, bis Sie zum Kern des Problems durchdringen, das dem Ehepartner auf dem Herzen liegt.

So oft geht es bei einem Konflikt gar nicht um den Fußball oder um die Farbe des Badezimmers, sondern um Unterschiede in der Persönlichkeit oder um emotionale Bedürfnisse. Menschen mit einer ausgeprägt kontrollierenden Persönlichkeit zum Beispiel kommen emotional schnell aus dem Gleichgewicht, wenn die Dinge nicht nach einem gewissen Zeitplan funktionieren und nicht wenigstens annähernd perfekt gelingen. Auf der anderen Seite sind Menschen mit einem geringen Selbstbewusstsein schnell niedergeschmettert, wenn der Partner zu große Erwartungen an sie hat. Dieses Gefühl führt entweder dazu, dass sie in die Defensive gehen und „zurückschlagen" oder dass sie sich verletzt in sich zurückziehen.

Durch gutes und verstehendes Zuhören lernen wir, das zu hören, was hinter den ausgesprochenen Worten steht, und auch was nicht gesagt wird. Wir versuchen die Gefühle zu verstehen, die in den Worten mitschwingen, und wollen herausfinden, warum dem anderen gerade dieses Thema so wichtig ist. Dadurch schaffen wir eine Atmosphäre, in der Konflikte gelöst werden können.

Als Natalie zu Peter sagte: „Du weißt gar nicht, wer ich bin", hörte er ihr endlich zu. Nachdem Peter gelernt hatte, richtig zuzuhören, sagte er zu mir: „Diese Erfahrung hat mir die Augen geöffnet. Keiner hat mir je erklärt, wie man zuhört. Warum gab es darüber keinen Kurs in der Schule oder an der Uni? Dadurch wären mir fünfzehn Jahre Streitereien erspart geblieben. Ich kann immer noch nicht glauben, wie oft ich meine Frau in diesen Jahren verletzt und abgewiesen habe, weil ich ihr einfach nicht zugehört habe. Streiten schien einfach zum Leben dazuzugehören. Ich habe einfach angenommen, dass alle Ehepaare so viele Auseinandersetzungen haben wie wir. Heute fühle ich mich meiner Frau so nahe wie nie zuvor. Ich habe das Gefühl, ich kenne sie wirklich. Und was noch wichtiger ist, sie hat das Gefühl, ich kenne sie." Peter hatte die erstaunliche Kraft des Zuhörens erlebt.

Die meisten von uns haben wenig Erfahrung damit.

Daher kostet es uns Zeit und Energie, die eingefahrenen Streitmuster und Kommunikationsstrukturen zu verändern. Denn letztlich muss sich unsere Einstellung und Bereitschaft verändern. Es ist eine bewusste Entscheidung, seinem Ehepartner wirklich zuhören zu wollen. Die Atmosphäre für gutes Zuhören schaffen Sie bereits ganz am Anfang, indem Sie sagen: „Ich möchte gerne hören, was du zu sagen hast, weil ich weiß, wie wichtig es dir ist. Und unsere Beziehung ist mir wichtig." Damit setzen Sie ein klares Ziel. Denn jetzt schenken Sie Ihrem Ehepartner Ihre ungeteilte Aufmerksamkeit. Legen Sie das Buch zur Seite, schalten Sie den Fernseher aus oder stecken Sie den Kugelschreiber weg. Wenn Ihr Ehepartner aufhört zu reden, wiederholen Sie, was Sie gehört haben. Benutzen Sie dabei ruhig Satzanfänge wie: „Was ich dich sagen höre, ist …" oder „Ich habe jetzt gehört, …" oder „Habe ich das richtig verstanden?" Stellen Sie immer mal wieder eine Verständnisfrage, bis Ihr Ehepartner Ihnen versichert, dass er oder sie sich richtig verstanden fühlt. Die ersten Schritte auf dem Weg zu dieser Art des Zuhörens sind etwas schwierig und vielleicht sogar holprig, doch wenn man sich die Mühe macht, zahlt sich auf lange Sicht alle investierte Energie und Zeit aus. Denn beide Partner fühlen sich gehört und verstanden.

Praktische Schritte:

1. Lernen Sie die folgende Aussage auswendig und wenden Sie sie in Ihrem nächsten Gespräch oder Streit an: „Ich möchte gerne hören, was du dazu zu sagen hast, weil ich weiß, wie wichtig es dir ist. Und unsere Beziehung ist mir wichtig."

2. Vielleicht können Sie sich auch ein Schild machen, auf dem steht: „Ich bin ein Zuhörer." Nehmen Sie es in die Hand, während Sie Ihrem Partner zuhören.

3. Das nächste Mal, wenn Ihr Partner Ihnen eine Idee erzählt, probieren Sie einmal folgende Antwort aus: „Was ich dich sagen höre, ist, _____. Habe ich dich richtig verstanden?"

4. Wenn Ihr Ehepartner das nächste Mal mit Ihnen reden möchte, dann legen Sie die Zeitung zur Seite oder schalten den Fernseher aus und schenken Sie Ihrem Partner Ihre ungeteilte Aufmerksamkeit. Schauen Sie ihm dabei in die Augen.

5. Sagen Sie Ihre persönliche Meinung erst, wenn Sie eine positive Antwort auf diese drei Fragen bekommen haben:

◆ „Hast du das Gefühl, ich habe dich richtig verstanden?"
◆ „Hast du das Gefühl, ich nehme deine Ideen erst?"
◆ „Fändest du es in Ordnung, wenn ich dir jetzt meine Gedanken dazu sage?"

6. Überlegen Sie nach jedem Gespräch, wie gut es Ihnen gelungen ist, die obigen fünf Punkte umzusetzen.

5. Durch Zuhören lernen wir zu verstehen

Julia und Bernd stritten sich darüber, ob sie ihre Eltern besuchen sollten.

„Wir waren doch erst vor zwei Wochen bei ihnen", erklärte Bernd.

„Ich weiß", antwortete Julia. „Aber am Sonntag hat meine Mutter Geburtstag."

„Dann schick ihr doch eine Karte", schlug Bernd vor.

„Ich kann es nicht fassen!", ereiferte sich Julia. „Du bist total egoistisch."

„Das ist doch nicht wahr. Ich kenne jedenfalls keinen Mann, der seine Schwiegereltern alle zwei Wochen besuchen wollte", erwiderte Bernd.

„Ich bitte dich ja gar nicht darum, sie alle zwei Wochen zu besuchen", sagte Julia mit tränenerstickter Stimme und rannte aus dem Zimmer.

Julia und Bernd haben nie gelernt, wie man richtig zuhört. Stellen wir uns einmal vor, die beiden hätten das vierte Kapitel gelesen und würden versuchen, gute Zuhörer zu sein. Vielleicht wäre das Gespräch dann so verlaufen:

„Warum willst du deine Eltern am Wochenende denn schon wieder besuchen? Wir waren doch erst vor zwei Wochen dort."

„Ich weiß, aber am Sonntag hat meine Mutter Geburtstag."

„Sind Geburtstage so wichtig in deiner Familie?"

„Na, und ob. Meine Schwester und ich haben meiner Mutter an ihrem Geburtstag immer ein besonderes Essen gekocht – auch als wir noch ganz klein waren. Ich kann mich noch genau an das erste Mal erinnern. Da hat uns mein Vater geholfen, einen Kuchen zu backen und zu dekorieren."

„Das heißt, deine Schwester ist am Samstag auch dort?"

„Natürlich, sie wird es nicht verpassen wollen."

„Kommt ihr Mann auch?"

„Wenn er nicht arbeiten muss. Manchmal muss er arbeiten und kann nicht mitkommen."

„Hättest du es gerne, dass ich dabei bin, oder willst du lieber allein fahren?"

„Ich hätte dich gerne dabei, Bernd. Es ist eine Familienfeier, und ich fände es schön, wenn wir zusammen hingehen könnten."

„Also gut. Auf einer Skala von 1 bis 10, wie wichtig ist es dir, dass ich mitkomme?"

„Zehn."

„In Ordnung. Ich komme mit."

„Oh, Bernd, du bist wirklich ein Schatz! Ich hab dich so lieb."

Warum ist das Gespräch diesmal so ganz anders verlaufen? Weil Bernd erst richtig zugehört hat, bevor er reagiert hat. Beim Zuhören hat er gemerkt, wie wichtig seiner Frau diese Geburtstagsfeier ist und wie sehr sie sich wünscht, dass er mitkommt.

Auf der anderen Seite hat Bernd natürlich auch eine Meinung. Er möchte gerne ehrlich sein, und deshalb sagt er zu seiner Frau: „Würdest du gerne wissen, warum ich am Anfang gezögert habe bei dem Gedanken, schon wieder zu deinen Eltern zu fahren?"

„Ich nehme an, weil wir erst vor zwei Wochen dort waren."

„Das ist sicher teilweise richtig, doch es hat noch mehr Gründe. Soll ich sie dir erzählen?" (Bernd versucht seiner Frau zu helfen, in die Zuhörerrolle zu schlüpfen.)

„Ja", antwortet Julia, setzt sich aufs Sofa und schaut ihn an.

„Man hat mich gebeten, am Samstag bei dem großen Fußballturnier um den Stadtpokal mitzuspielen. Ich bin total begeistert, denn du weißt ja, wie gerne ich Fußball spiele. Doch als ich gemerkt habe, wie wichtig dir dieser Geburtstag ist, dachte ich mir, dass du mir mehr bedeutest als jedes Turnier."

„Oh, Bernd, jetzt freue ich mich noch viel mehr. Ich kann gar nicht glauben, dass du für mich dieses wichtige Fußballspiel aufgibst."

Nachdem sie einen Moment nachgedacht hat, fragt Julia: „Wann ist denn das Turnier?"

„Um zwei Uhr. Warum fragst du?"

„Ich habe gerade gedacht, dass du ja einfach nach dem Spiel zu meinen Eltern nachkommen könntest. Es gibt erst um sechs Uhr Abendessen. Vielleicht kommst du ein bisschen später, aber das wäre völlig in Ordnung. Auf einer Skala von 1 bis 10", lächelt Julia, „wie gerne würdest du bei dem Turnier mitspielen?"

„Willst du das wirklich wissen?"

„Natürlich", antwortet Julia immer noch mit einem Lächeln auf den Lippen.

„Ich würde sagen: neun."

„Dann lass es uns so machen. Ich finde es völlig in Ordnung, wenn du einfach etwas später kommst."

„Das heißt aber, dass wir mit zwei Autos fahren müssen", wendet Bernd ein. „Und wir würden weder hin noch zurück zusammenfahren können."

„Dann holen wir das einfach hinterher zu Hause nach."

„Du meinst es wirklich ernst, oder?"

„Aber sicher."

„Julia, du bist unglaublich! Ich hab dich so lieb."

Diesmal war es Julia, die durch genaues Zuhören bemerkt hat, wie wichtig Bernd das Fußballturnier war. Bernd und Julia begegneten sich mit Liebe, Respekt und Nähe. Dadurch konnten sie den Konflikt so lösen, dass beide hinterher mit der Lösung zufrieden waren.

So viele Ehepaare streiten sich über Probleme, statt sie zu lösen, weil sie dem anderen nie so lange zuhören, bis sie seine Position wirklich verstanden haben. Sie setzen ihre ganze Energie ein, um ihre Meinung durchzuboxen, anstatt sich darum zu bemühen, den Standpunkt des anderen zu verstehen. Beim Verstehen geht es um vier Ziele, die man durch gutes Zuhören erreichen kann:

1. *Verstehen Sie, was Ihr Ehepartner sagt.* Das ist nicht so leicht, wie es sich anhört. Tatsächlich machen Paare häufig den Fehler, dass sie auf das reagieren, was *sie* selbst gehört haben, statt auf das zu hören, was der andere wirklich gesagt hat.

In unserem Beispiel von Bernd und Julia hatte Bernd im ersten Gespräch einfach angenommen, dass Julia ihre Eltern von nun an mehrere Male im Monat besuchen wollte. Diese falsche Annahme rief sofort negative Gefühle in ihm hervor. Er hatte aber noch gar nicht gehört, was Julia eigentlich sagen wollte. Sie redete über ein Geburtstagsessen, lange Traditionen und Familienzusammenhalt. Hätte Bernd zugehört, dann hätte er verstanden, warum Julia dieser Besuch so wichtig war.

2. *„Hören" Sie auf die Gefühle Ihres Partners.* Hätte Bernd im ersten Gespräch zugehört, dann wäre ihm aufgefallen, dass seine Frau – ohne Worte – deutlich ausgedrückt hat, wie verletzt, enttäuscht und verärgert sie war. Doch weil er ihr nicht wirklich zugehört hat, konnte er diese Gefühle auch nicht wahrnehmen und darauf eingehen. Deshalb blieb der Konflikt ungelöst und Julia weinend im Schlafzimmer.

3. *Finden Sie heraus, was Ihrem Ehepartner wirklich wichtig ist – und warum.* Hätte Bernd wirklich zugehört, hätte er herausgefunden, warum Julia dieses Geburtstagsessen so wichtig war. Es war eine lange Familientradition, die für alle den Zusammenhalt der Familie ausdrückte. Außerdem hätte Bernd verstanden, dass Julia ihn deshalb so gerne dabei haben wollte, weil ihr diese Familienzusammenkünfte so viel bedeuteten. Umgekehrt hätte Julia durch richtiges Zuhören

schnell herausgefunden, warum das Fußball-
turnier für Bernd so wichtig war. Es war eine
Ehre, ausgewählt worden zu sein. Dadurch war
Bernds Selbstbewusstsein gestärkt worden, und
er freute sich darauf, für seine Mannschaft das
Beste zu geben.

4. *Fragen Sie Ihren Partner, wie wichtig ihm seine
Position ist.* Oft hilft es, wenn man eine Skala
von 1 bis 10 benutzt, um das herauszufinden.
Vielleicht ist es sogar der einfachste Weg, wenn
man gerade erst anfängt, sich gegenseitig besser
zu verstehen. Wenn Sie sich mit Ihrem Partner
zum Beispiel über die Weihnachtseinkäufe unterhalten, könnten Sie fragen: „Auf einer Skala
von 1 bis 10, wie wichtig ist es dir, dass ich mit
zum Einkaufen komme?" Wenn Ihr Ehepartner
irgendetwas zwischen 7 und 10 sagt und Ihre eigene Bereitschaft irgendwo zwischen 1 und 4
liegt, dann sollten Sie schnell in die Zuhörerrolle
schlüpfen, um diesen Konflikt anzugehen.

Sie könnten dann fragen: „Wann würdest du gerne einkaufen gehen? Wir lange hättest du mich gerne dabei?
Was soll ich für dich in dieser Zeit tun?"

Mithilfe dieser Fragen können Sie herausfinden, was
sich Ihr Ehepartner wirklich von Ihnen wünscht. Dann
könnten Sie fragen: „Wir würdest du dich fühlen, wenn
ich nicht mit dir einkaufen gehe?" oder „Wie würdest du
dich fühlen, wenn ich mitkomme?" Durch die Antworten auf diese Fragen wissen Sie hinterher nicht nur

mehr über die Gefühle Ihres Partners, sondern auch, welche Auswirkungen Ihre Entscheidung auf Ihre Beziehung haben wird.

Eine nächste Frage könnte sein: „Warum ist es dir so wichtig, dass ich mit dir einkaufen gehe?" Vielleicht bedeutet es Ihrem Partner deshalb so viel, weil er oder sie daran die Qualität Ihrer Ehe festmacht. Es könnte ja sein, dass die Eltern Ihres Ehepartners immer gemeinsam Weihnachtsgeschenke eingekauft und dadurch ausgedrückt haben: „Wir machen gerne Dinge gemeinsam." Es könnte aber auch sein, dass Sie in dem Gespräch plötzlich merken, dass Ihr Ehepartner Schwierigkeiten hat, Geschenke für Ihre Eltern zu finden. Deshalb braucht er einfach Ihre Hilfe. Es gibt unzählige Gründe, warum der andere Ihre Unterstützung brauchen könnte. Durch gutes und verstehendes Zuhören haben Sie die Möglichkeit zu verstehen, was Ihr Partner in dieser besonderen Situation fühlt und warum ihm bestimmte Dinge so wichtig sind.

Dieses Gefühl, verstanden und bestätigt zu werden, ist ein großer Schritt auf dem Weg zur Konfliktlösung. „Ich verstehe, was du sagen willst, und deine Gründe machen wirklich Sinn" ist sozusagen das offene Tor, wenn es um Konfliktlösung geht. Gerade in spannungsgeladenen Situationen sehnt sich jeder nach einer solchen Aussage. Denn wir wünschen uns alle, verstanden und respektiert zu werden.

Gutes Zuhören ist das direkte Gegenteil von Streit, bei dem die beteiligten Parteien mehr daran interessiert sind, ihre eigene Meinung durchzuboxen, statt den anderen mit seinen Gefühlen und Gedanken zu verstehen. Wenn man einfach auf seiner Meinung beharrt, ohne wirklich zuhören zu wollen, dann fühlt der andere sich zurückgewiesen und abgekanzelt. Jeder zieht sich in seine Verteidigerposition zurück und schließt den anderen aus Angst vor noch mehr Verletzungen aus. Deshalb führen solche Auseinandersetzungen auch zu emotionaler Distanz. Gutes und verstehendes Zuhören dagegen bringt Verständnis und Nähe.

Es ist sehr unwahrscheinlich, dass Ehepartner einen Konflikt wirklich lösen können, wenn sie sich nicht vorher gegenseitig verstanden haben. Dieses Verstehen entsteht durch Zuhören und Verständnisfragen. Nur wenn Ehemänner und Ehefrauen verstehen, was ihr Ehepartner sagen will, warum ein bestimmtes Thema so wichtig ist und welche Gefühle damit verbunden sind, können sie auch angemessen und liebevoll auf dieses Thema reagieren. Ehepartner, die sich die Zeit zum Zuhören und Verstehen nehmen, können es lernen, Konflikte auf eine gesunde Weise zu lösen.

Praktische Schritte:

1. Viele Paare streiten sich über konfliktgeladene Themen, statt sie zu lösen, weil sie letztlich nie die Position des anderen verstanden haben. Ich möchte Ihnen gerne vier Fragen an die Hand geben, die Ihnen helfen können, Ihren Partner zu verstehen:

- Was sagt mein Ehepartner?
- Was fühlt mein Ehepartner dabei?
- Warum ist meinem Ehepartner dieses Thema so wichtig?
- Auf einer Skala von 1 bis 10: wie sehr wünscht sich mein Ehepartner das?
2. Wenn Sie Ihren Partner erst einmal verstanden haben, können Sie ihm eine gute und liebevolle Antwort geben. Wie verständnis- und liebevoll war Ihre Reaktion im letzten Konflikt mit Ihrem Partner?

6. Verständnis führt zur Lösung

*I*ch habe in diesem Buch immer wieder darauf hingewiesen, dass sich Konflikte nicht vermeiden lassen. In jeder Ehe gibt es Konflikte. Doch Konflikte müssen uns nicht auseinanderbringen. Wenn Sie bereit sind, Ihrem Ehepartner ernsthaft zuzuhören, verstehen Sie, was er oder sie denkt, fühlt und sich wünscht. Außerdem finden Sie heraus, warum Ihr Partner eine bestimmte Meinung hat und wie wichtig sie ihm ist. All das ermöglicht es Ihnen, einen Konflikt in positiver Weise zu lösen. Jetzt ist es Zeit für die Frage: „Wie können wir diesen Konflikt lösen, sodass wir beide davon profitieren und wir hinterher damit glücklich sind?" Wenn Sie diese Frage stellen, wollen Sie nicht Ihre eigenen Vorstellungen durchsetzen oder Ihren Partner in bestimmter Weise manipulieren, damit er Ihnen doch zustimmt, sondern Sie suchen jetzt nach einer Lösung, mit der sich beide wohlfühlen.

Ein Mann und eine Frau, die sich verstehen und lieben, können sich darauf konzentrieren, eine für beide Seiten zufriedenstellende Lösung zu finden, ohne sich dabei gegenseitig anzugreifen. Sie sind Freunde und keine Feinde. Sie ziehen an einem Strang.

Normalerweise gibt es drei verschiedene Konfliktlösungsmodelle: Man trifft sich·in der Mitte, man entscheidet sich für eine Seite, oder man verschiebt die Entscheidung.

Man trifft sich in der Mitte

Bei diesem Modell löst ein Ehepaar einen Konflikt, indem es sich ungefähr in der Mitte der unterschiedlichen Meinungen oder Wünsche trifft. Beide Partner geben etwas von dem auf, was sie wollen, aber beide können auch einen Teil ihrer Position durchsetzen. Manche Menschen nennen das auch „einen Kompromiss finden". Doch bei einem Kompromiss konzentriert man sich meist darauf, was beide Seiten aufgegeben haben. Ich ziehe es vor, auf das zu schauen, was man gewonnen hat. „Sich in der Mitte treffen" drückt für mich eher aus, dass sich die Partner auf eine Lösung geeinigt haben, die für beide zufriedenstellend und gut ist.

Ich lernte Johannes und Katja auf einem Seminar kennen. Sie kamen auf mich zu, und Johannes sprach mich sofort an: „Wir sind jetzt schon zum zweiten Mal auf Ihrem Seminar. Dieses Mal haben wir sechs Ehepaare aus unserer Gemeinde mitgebracht. Das letzte Mal waren wir so begeistert, dass wir diese Paare einfach mitbringen mussten."

„Erzählen Sie mir doch, was genau Sie begeistert hat", forderte ich sie auf. Hier ist ihre Geschichte:

Johannes und Katja wussten beide, dass ihr altes Auto, das schon 250 000 Kilometer auf dem Buckel hatte, bald verschrottet werden musste. Johannes wollte gerne ein neues Auto kaufen, doch Katja war eher für einen Gebrauchtwagen. Doch erst nach einiger Zeit merkten sie, dass sie einen richtigen Konflikt hatten. Eines Abends kam Johannes nach Hause und sagte: „Ich bin heute bei einem Autohändler vorbeigefahren, habe mir ein paar neue Wagen angeschaut und mich beraten lassen."

„Warum?", fragte Katja. „Wir können uns doch gar kein neues Auto leisten."

„Neue Autos sind gar nicht so viel teurer als gebrauchte", antwortete Johannes. „Außerdem sind sie viel zuverlässiger."

„Nicht, wenn wir einen Jahreswagen kaufen, der noch Garantie hat", entgegnete Katja.

„Ich will aber nicht den Müll anderer Leute kaufen", erwiderte Johannes verärgert.

„Ich rede gar nicht von Müll. Ich rede von einem guten Gebrauchtwagen, der noch nicht viele Kilometer auf dem Tacho hat", schoss Katja zurück.

Mit jeder neuen Aussage wurde die Spannung größer. Als Johannes merkte, dass sie sich nur noch anschrien, sagte er: „Ich glaube, wir haben einen richtigen Konflikt. Ich kann mich dunkel an das Seminar letzten Monat erinnern, bei dem es um Konfliktlösung ging. Vielleicht sollten wir unsere Aufzeichnungen holen und schauen, ob sie uns weiterhelfen können."

„Ich weiß etwas Besseres", sagte Katja. „Ich habe gerade das Buch *Die vier Jahreszeiten der Liebe* zu Ende gelesen. Da gibt es ein Kapitel über empathisches Zuhören. Ich kann mich erinnern, dass ich beim Lesen gedacht habe: Über dieses Kapitel sollten wir mal reden."

„Ich denke, wir sollten uns jetzt nicht darüber streiten, ob wir das Kapitel oder unsere Aufzeichnungen lesen", erwiderte Johannes lächelnd. „Warum liest du nicht einfach das Kapitel, und ich schaue noch einmal in unsere Aufzeichnungen. Morgen Abend setzen wir uns zusammen und erzählen dem anderen, was wir über Konfliktlösung gelernt haben. Ich bin mir sicher, dass wir nicht die Einzigen sind, die mit diesem Thema ein Problem haben, und wir wollen uns doch nicht über ein so banales Thema streiten."

„Gute Idee", antwortete Katja. „Aber ich möchte nicht, dass wir uns in Schulden stürzen und etwas tun, was wir uns nicht leisten können."

„Da sind wir einer Meinung", sagte Johannes. „Wir können uns offensichtlich nicht über die Frage einigen, ob wir einen Neuwagen oder ein gebrauchtes Auto kaufen sollen. Doch wir finden sicher einen Weg, das Problem zu lösen."

„Jetzt bin ich ja mal gespannt, wie Sie das Problem angegangen sind", unterbrach ich die beiden.

Katja fuhr fort: „Zuerst haben wir uns gegenseitig die zentralen Punkte für gutes Zuhören erzählt. Dann haben wir versucht, dieses Konzept auf unsere Situation anzuwenden. Nachdem wir uns gegenseitig zugehört hatten, fiel mir auf, dass Johannes sich schon immer ein neues Auto gewünscht hatte. Sein ganzes Leben war er gebrauchte Autos gefahren und hatte schon einige negative Erfahrungen hinter sich: Weil das Auto plötzlich Probleme machte, war er zu wichtigen Terminen zu spät gekommen."

„Und ich habe verstanden", erzählte Johannes weiter, „dass Katja sich wirklich Sorgen machte um unsere Finanzen. Ich wusste gar nicht, dass sie dadurch so unter Druck war. Das war eine der positiven Auswirkungen unseres Zuhörens. Ihr Vater hatte immer zuverlässige Gebrauchtwagen gefahren, und sie konnte sich nicht erinnern, dass er je eine Panne hatte. Wahrscheinlich lagen meine negativen Erfahrungen daran, dass ich immer sehr alte Gebrauchtwagen gefahren bin, die nicht wirklich zuverlässig waren."

„Wie haben Sie den Konflikt dann schließlich gelöst?", fragte ich.

„Nachdem wir viel zugehört und mehrere Möglichkeiten diskutiert hatten, entschieden wir uns dafür, gar kein Auto zu kaufen", sagte Johannes lachend.

Ich schaute ihn etwas verblüfft an, deshalb fügte er hinzu: „Wir entschieden uns dafür, ein neues Auto für drei Jahre zu leasen."

„Die monatlichen Raten waren für uns tragbar", sagte Katja. „Wir hatten beide das Gefühl, dass wir mit dieser Belastung leben konnten."

Johannes ergänzte noch: „Wir hoffen, dass sich unsere finanzielle Situation in den nächsten drei Jahren stabilisiert, und dann können wir uns mit dem Thema noch einmal beschäftigen."

Johannes und Katja sind ein gutes Beispiel dafür, wie man sich bei einem Konflikt „in der Mitte treffen" kann. Johannes bekam sein neues Auto, und Katja konnte mit den monatlichen Raten gut leben. Beide waren mit der Lösung zufrieden, und beide fühlten sich verstanden und ernst genommen.

Man entscheidet sich für eine Seite

Auch bei diesem Konfliktlösungsmodell geht es darum, sich gegenseitig gut zuzuhören und die Meinung des anderen ernst zu nehmen. Doch hier kommt es zur Lösung, indem ein Partner sich entscheidet, seine Position aufzugeben und sich auf die Position des anderen einzulassen.

Bettina und Markus sind ein gutes Beispiel für dieses Konfliktlösungsmodell. Sie kamen zu mir, weil sie sich schon seit drei Monaten über Bettinas Wunsch stritten, ihr Examen doch noch zu machen. Sie hatte ihr Studium abgebrochen, als sie Markus geheiratet hatte. Wegen Markus' Arbeitsstelle waren sie immer wieder umgezogen. Doch nach neun Jahren in immer neuen Städten wohnten sie jetzt wieder in ihrer Heimatstadt. Markus hatte eine gute Stelle, und das jüngste ihrer beiden Kinder war gerade in die erste Klasse gekommen. Bettina hatte das Gefühl, dass jetzt der richtige Zeitpunkt gekommen war, ihr Examen doch noch zu machen. Doch Markus war der festen Überzeugung, dass Bettina dadurch nur ihre Zeit, ihr Geld und ihre Energie verschwenden würde. „Ich verdiene genug Geld für uns alle", sagte er. „Sie muss ihr Examen gar nicht machen. Sie will doch sowieso nicht arbeiten gehen, warum also sollte sie ihr Examen nachholen? Die Kinder brauchen noch Hilfe bei den Hausaufgaben, und ich kann das nicht leisten. Es bringt uns als Familie nur unter Druck."

„Er versteht gar nicht, wie wichtig es mir ist, mein Examen zu machen", erklärte Bettina. „Meine Brüder und Schwestern haben alle einen Abschluss. Ich bin die Einzige, die abgebrochen hat. Es dauert nur ein Jahr, und ich kann den Kindern immer noch bei den Hausaufgaben helfen. Außerdem könnte Markus ihnen auch helfen, wenn er etwas weniger vor dem Fernseher sitzen würde."

Es war nicht schwer zu erkennen, dass Bettina und Markus einen Konflikt hatten und dass sie sich darüber auch schon einige Zeit gestritten hatten. Mittlerweile waren sie so weit, dass sie sich fast schon die Teller an den Kopf warfen. Es kostete viel Zeit und Energie, ihnen dabei zu helfen, den anderen mit seinen Wünschen und Vorstellungen zu respektieren und ihn mit Liebe und Würde zu behandeln. Doch im Laufe der Zeit lernten beide, sich gegenseitig richtig zuzuhören. Am Ende konnte Markus sagen: „Ich kann jetzt verstehen, warum dieses Examen für Bettina so wichtig ist. Ich glaube, ich habe nur auf das Geld geschaut und darauf, wie sehr es unser Familienleben beeinträchtigen würde. Ihr inneres Bedürfnis, ihr Studium abschließen zu wollen, hatte ich gar nicht bedacht. Wahrscheinlich war ich an diesem Punkt auch ziemlich egoistisch und nicht bereit, ein paar Kleinigkeiten zu opfern, damit sie ihr großes Ziel erreichen konnte. Ich habe mich dazu entschieden, sie aus vollstem Herzen zu unterstützen, damit sie ihr Examen bestehen kann. Wir haben es zu unserem Familienprojekt gemacht. Die Kinder freuen sich sehr über die Energie ihrer Mutter, und ich habe das Gefühl, dass es einen positiven Einfluss auf sie hat. Vielleicht werden sie durch Bettinas Zielstrebigkeit motiviert, später einmal selbst ein Studium anzufangen und auch abzuschließen."

„Wie geht es Ihnen mit der Entscheidung, Bettina?", fragte ich.

„Ich habe das Gefühl, dass Markus mich sehr liebt und mich respektiert", antwortete sie. „Es tut mir leid, dass wir so lange für diese Lösung gebraucht haben, doch ich fühle mich jetzt von ihm wirklich verstanden. Ich freue mich über seine Unterstützung, und ich glaube, unsere Beziehung ist in den letzten Monaten viel stärker und tragfähiger geworden."

Der Konflikt von Bettina und Markus ist dadurch gelöst worden, dass er seine Position aufgegeben und sich auf ihre eingelassen hat. Durch gutes und verstehendes Zuhören haben sie ihre unterschiedlichen Positionen verstehen gelernt, und das führte zu einer Lösung, mit der beide einverstanden waren. Der Konflikt war jetzt keine Mauer mehr, sondern er wurde gelöst, indem sich Markus für Bettinas Seite entschieden hat. Viele Konflikte können durch dieses positive Modell gelöst werden.

Man verschiebt die Entscheidung

Ein drittes Modell für eine Konfliktlösung ist das Verschieben einer Entscheidung. Es gibt Konflikte, da ist es unmöglich, sich in der Mitte zu treffen, und keiner der beiden Partner kann sich ehrlich dafür entscheiden, seine Position zugunsten des anderen aufzugeben. Deshalb lassen beide Partner in Liebe und Respekt den

Standpunkt des anderen stehen. Manchmal löst das einen Konflikt für einige Zeit, manchmal sogar auf Dauer, je nachdem, um was für eine Auseinandersetzung es sich handelt. In meinem ersten Beispiel möchte ich gerne darstellen, wie eine Lösung auf Zeit aussehen kann.

Es ist fast Mitternacht an einem Dienstag. Heike und Georg streiten nun schon seit fast zweieinhalb Stunden darüber, ob er am Ende des Monats mit ein paar Arbeitskollegen angeln gehen sollte oder nicht. Er hat das Gefühl, dass es für das Arbeitsklima im Team gut wäre und dass er dadurch seine Position in der Firma weiter festigen und vielleicht ausbauen könnte. Heike ist gegen den Vorschlag, weil die meisten Arbeitskollegen nicht die Sorte Männer sind, die sie als Freunde für ihren Mann ausgesucht hätte. „Die Hälfte von ihnen betrügen ihre Ehefrauen", sagt sie, „und fast alle betrinken sich regelmäßig bis zum Anschlag. Ich denke einfach, dass das kein gesunder Umgang für dich ist."

Normalerweise gehen beide viel früher ins Bett, deshalb sind sie mittlerweile ziemlich übermüdet. Ihr Streiten hat sie nicht wirklich weitergebracht, und sie müssen jetzt endlich eine Entscheidung treffen. Entweder streiten sie die ganze Nacht und fangen den neuen Tag physisch und psychisch erschöpft an oder sie schließen einen Waffenstillstand. Damit stellt man nur fest, dass der Konflikt noch nicht gelöst ist, dass aber beide Partner eine Pause brauchen. Sie vertagen sozusagen die Entscheidung, ohne dass einer seine Meinung aufgibt. Sie könnten ungefähr Folgendes sagen: „Wir wissen beide, dass der Konflikt nicht gelöst ist, aber weil es schon spät ist und wir beide müde sind, lassen wir die Sache jetzt erst einmal auf sich beruhen und reden morgen oder zu gegebener Zeit noch einmal darüber. In der Zwischenzeit machen wir uns beide Gedanken, wie wir mit diesem Thema vielleicht konstruktiver umgehen könnten. Außerdem einigen wir uns darauf, uns keine weiteren verbalen Bomben an den Kopf zu werfen." Sie haben sich auf einen Waffenstillstand geeinigt, aber sie wissen beide, dass es nur für eine gewisse Zeit ist.

Wenn Heike und Georg sich auch bei ihrer nächsten Diskussion nicht wirklich zuhören und versuchen, den anderen zu verstehen, dann mündet ihr nächstes Gespräch in einen Streit, der genauso frustrierend und unproduktiv ist wie der letzte. Eine zufriedenstellende Lösung wird sich auch dann nicht finden lassen. Doch wenn sie sich aufeinander einlassen, sich zuhören und verstehen, was der andere wirklich sagt und fühlt, dann können sie eine viel wärmere Atmosphäre in ihrer Beziehung schaffen. Durch gutes und verstehendes Zuhören werden sie den Standpunkt des anderen schätzen lernen, selbst wenn sie immer noch nicht einer Meinung sind. Statt sich zu streiten, können sie sich mit Respekt und Liebe begegnen. Vielleicht schafft es Heike nicht, ihre Position aufzugeben und Georg zu unterstützen, und Georg ist genauso unfähig, seinen Standpunkt zugunsten seiner Frau aufzugeben, doch sie können freundlich darüber sprechen und sich gegenseitig stehen lassen. Das heißt, sie wehren sich gegen Rückzug und Distanz in ihrer Beziehung. Sie lassen ihr Leben durch diesen noch ungelösten Konflikt nicht negativ beeinflussen, sondern leben damit, dass es gerade nun mal so ist.

Früher oder später müssen sie natürlich zu einer Entscheidung kommen. Wenn sie sich weder in der Mitte treffen noch einer von beiden die Position des anderen akzeptiert und unterstützt, wird der Abreisetag kommen, und Georg fährt entweder mit oder bleibt zu Hause. Wenn er den Bitten seiner Frau mit unterschwelligem Groll nachgibt, zeigt sich das in seinem Verhalten ihr gegenüber, und der ungelöste Konflikt wirkt sich nachteilig auf die Beziehung aus. Fährt er aber mit zum Angeln, obwohl seine Frau das ablehnt, schlägt sich ihre Verletzung und ihr Ärger in ihrem Verhalten nieder, und die Beziehung leidet darunter. Deshalb ist die Verschiebung der Entscheidung in diesem Beispiel nur eine Zwischenlösung. Zu einem späteren Zeitpunkt kommen Heike und Georg nicht darum herum, sich zuzuhören und zu verstehen, um diesen Konflikt zu lösen.

In manchen Fällen kann die Entscheidung für ein Vertagen eine dauerhafte Lösung werden. Nina und Nick haben einen Konflikt, bei dem es um die Zahnpasta geht. Sie drückt die Tube von der Mitte her und er vom Ende her aus. In ihrem ersten Ehejahr haben sie sich freundlich, aber direkt gesagt, was sie vom Tubendrücken des anderen hielten. Schließlich haben sie sogar darüber diskutiert. Beide gaben zu, dass es rein technisch mehr Sinn macht, die Tube vom Ende her auszudrücken. Doch allein die Vorstellung, die Tube *immer* vom Ende her ausdrücken zu müssen, ging Nina gegen den Strich. Weder Nina noch Nick konnten die Tube auf Dauer so ausdrücken, dass der andere damit zufrieden war. Deshalb beschlossen sie, zwei Tuben Zahnpasta zu kaufen, für jeden seine eigene. Diese Lösung kann ein ganzes Leben lang funktionieren – oder bis sie die Zahnpastapumpe entdecken! Sie blieben bei ihren unterschiedlichen Ansichten, und keiner ist dem anderen deswegen böse. Sie stören sich jetzt einfach nicht mehr daran, wie der andere seine Tube ausdrückt. Sie haben eine Lösung gefunden, mit der beide gut leben können.

Viele der weitverbreiteten Konflikte, die in den ersten Jahren einer Ehe unweigerlich aufkommen, kann man auf diese Weise lösen. Ich kann mich noch gut daran erinnern, dass Karolyn und ich uns am Anfang unserer Ehe unendlich oft darüber gestritten haben, wie man die Spülmaschine am besten einräumt. Ich war der Meinung (und bin es immer noch), dass, wenn man gleiche Teile zusammenstellt – Teller mit Tellern, Becher mit Bechern – die Teile sauberer wurden. Karolyn dagegen war der Überzeugung, dass das reine Zeitverschwendung sei. Spülmaschinen waren dazu da, das Geschirr zu waschen, egal, wo und wie die Teile angeordnet waren. Nach vielen Monaten Streit über die Spülmaschine waren wir beide verletzt und verärgert.

Als wir irgendwann endlich versucht haben, die Gründe des anderen zu verstehen, statt nur den Streit gewinnen zu wollen, haben wir uns darauf geeinigt, dass jeder seine Meinung behalten kann. Die praktische Lösung war, dass Karolyn die Spülmaschine so einräumte, wie sie es wollte, wenn sie an der Reihe war. Wenn ich die Spülmaschine einräumte, dann tat ich das auf meine Weise. Da ich dafür zuständig war, die Spülmaschine morgens auszuräumen, erklärte ich mich bereit, die zusammenklebenden Löffel noch einmal nachzuspülen und eventuell zerbrochene Gläser in den Müll zu werfen. Das war der kleine Preis, den wir bereit waren zu zahlen, um wieder harmonisch zusammenleben zu können. Diese Lösung begleitet uns nun schon fast vierzig Jahre und funktioniert immer noch.

Viele Konflikte können gelöst werden, wenn man sich entweder in der Mitte trifft, sich für eine Seite entscheidet oder die Entscheidung verschiebt. Konfliktlösung ist viel leichter, wenn wir uns verstanden und geliebt fühlen und wenn wir nicht zu einer Entscheidung gezwungen werden. Wir merken, dass wir ein Team sind und zusammenarbeiten können, indem wir unsere Ideen, Wünsche und Gefühle einsetzen, um zu einer für beide Seiten guten Lösung zu kommen.

Bei jedem dieser drei Modelle müssen beide Partner gut zuhören, Verständnis zeigen, dem anderen mit Liebe begegnen und bereit zu Veränderung sein. Der Grund, warum viele Ehepaare ihre Konflikte nicht lösen können, liegt darin, dass sie diese Grundlagen nie gelernt haben. Sie sind festgefahren in ihrer eigenen Meinung und beharren darauf, ihre Position durchzusetzen. Doch Zuhören, Verständnis und Liebe schaffen ein Klima, in dem ein Konflikt für beide Partner zufriedenstellend gelöst werden kann.

Praktische Schritte:

1. Lernen Sie die folgende Frage auswendig und stellen Sie Ihrem Ehepartner diese Frage beim nächsten Konflikt: „Wie können wir diesen Konflikt lösen, damit wir uns beide hinterher geliebt und verstanden fühlen?"

2. In diesem Kapitel ging es um drei positive Modelle zur Konfliktlösung:
   ◆ Man trifft sich in der Mitte.
   ◆ Man entscheidet sich für eine Seite.
   ◆ Man verschiebt die Entscheidung.
   Haben Sie in der letzten Zeit eins dieser Modelle zur Lösung eines Konflikts angewandt? Fühlen Sie und Ihr Ehepartner sich geliebt und verstanden?

3. Können Sie sich an einen Konflikt erinnern, bei dem keiner seine Meinung geändert hat und Sie trotzdem eine dauerhafte und zufriedenstellende Lösung gefunden haben?

4. Wie gut sind Sie und Ihr Ehepartner Ihrer Meinung nach darin, für beide Seiten gute Lösungen zu finden? Was müssen Sie ändern oder weiterentwickeln, um diese Fähigkeit zu verbessern?

7. Konfliktlösungen führen zu Harmonie

*A*m Anfang eines Vortrages in Chattanooga, Tennessee, forderte mein Kollege Rick Pierce die Ehepaare auf, ein Handzeichen zu geben, die schon mehr als vierzig Jahre verheiratet waren. Einige hoben ihre Hände. Dann bat er die, die schon über fünfundvierzig Jahre verheiratet waren, sich zu melden, und dann die, die schon fünfzig Jahre verheiratet waren. Als Rick schließlich sagte: „Okay, jetzt nur noch die, die schon über fünfzig Jahre verheiratet sind", meldete sich nur noch ein Paar.

„Wie lange sind Sie denn schon verheiratet?" fragte er sie.

„Zweiundfünfzig Jahre." Ich nahm mir vor, mit diesem Ehepaar in der Mittagspause zu reden.

Als ich mich später mit den beiden unterhielt, war eine meiner ersten Fragen: „Woran liegt es, dass Ihre Ehe schon so lange hält?"

Darauf antwortete Konrad: „Ganz am Anfang unserer Ehe haben wir eine Art Abkommen geschlossen. Immer wenn eine Meinungsverschiedenheit oder ein Konflikt aufkam, wollten wir uns gegenseitig zuhören und dann eine Lösung finden, die für uns beide gut war. Wie Sie sich sicher vorstellen können, hatten wir eine Menge Auseinandersetzungen, besonders in den ersten Jahren. Wir haben viel Zeit damit verbracht, uns zuzuhören und Lösungen zu finden. Doch das hat sich wirklich gelohnt, denn wir haben zweiundfünfzig wunderschöne Jahre hinter uns. Wir haben vier Kinder, und jedes von ihnen ist glücklich verheiratet. Renate und ich könnten uns kein schöneres Leben vorstellen."

Ich wandte mich an Renate und fragte: „Möchten Sie dem noch etwas hinzufügen?"

„Ich glaube, mein Mann hat recht", sagte sie. „Das Einzige, was ich noch hinzufügen möchte, ist, dass wir uns auch versprochen haben, uns immer zu lieben und füreinander da zu sein, egal, was passiert. Vor ein paar Jahren ist bei mir Multiple Sklerose festgestellt worden. Seitdem fühle ich mich körperlich immer schlechter, aber Konrad ist die ganze Zeit für mich da. Ich könnte mir keine bessere Unterstützung wünschen."

„Und warum sind Sie auf dieses Seminar gekommen?", wollte ich dann wissen.

„Im Laufe der Jahre haben wir es uns zur Regel gemacht, mindestens ein Eheseminar im Jahr zu besuchen", antwortete Renate.

„Vor ein paar Jahren haben wir Ihr Buch *Die fünf Sprachen der Liebe* gelesen", sagte Konrad. „Da haben wir uns entschieden, dass wir auf jeden Fall eins Ihrer Seminare besuchen würden, sollten Sie je nach Chattanooga kommen."

„Ich freue mich, dass Sie gekommen sind", versicherte ich ihnen. „Ich hoffe, es hilft Ihnen noch ein bisschen weiter." Als ich gerade gehen wollte, fügte ich noch hinzu: „Ich wünschte, jedes Ehepaar in diesem Land hätte hören können, was Sie gerade gesagt haben. Wenn jedes Ehepaar bereit wäre, sich bei Konflikten wirklich zuzuhören und diesen Konflikt für beide Seiten zufriedenstellend zu lösen, sich gegenseitig zu unterstützen, egal, was passiert, und regelmäßig Eheseminare zu besuchen und Ehebücher zu lesen, dann würden sich die Ehen dieser Generation radikal verändern."

Konrad lachte und antwortete: „Sie können uns gerne in Ihrem nächsten Buch zitieren. Vielleicht wird es dann tatsächlich die ganze Welt hören."

„Ja, vielleicht", erwiderte ich. Und ich habe es getan.

Ich freue mich immer, wenn ich Ehepaare wie Konrad und Renate treffe, die es gelernt haben, Konflikte zu lösen und ein Leben lang in Harmonie zusammenzuleben. Auf der anderen Seite macht es mich immer sehr traurig, wenn ich Paare sehe und begleite, die sich nur streiten, sich verbal bekriegen und sich gegenseitig ihren Traum von einer guten Ehe zerstören.

Konrad und Renate verkörpern die innere Haltung, die zu einer Konfliktlösung und nicht zum Streit führt. Zuerst haben sie beschlossen, Konflikte lösen zu wollen, und zwar so, dass die Vorstellungen von beiden Ehepartnern respektiert werden. Jeder ungelöste Konflikt steht wie eine Mauer zwischen den Partnern. Jeder gelöste Konflikt bringt die Partner einander näher, und die Entscheidung, Lösungen zu finden, führt zu Harmonie in der Ehe.

Außerdem haben Konrad und Renate sich versprochen, sich immer zu lieben und füreinander da zu sein, egal, was passiert. Viele Ehepaare haben noch nicht verstanden, dass Liebe auch eine Entscheidung ist und nicht nur ein Gefühl. Es ist eine Entscheidung dafür, nur das Beste für den anderen zu suchen und zu wollen. Es fängt mit der *inneren Einstellung* an und zeigt sich im *Verhalten*, indem man versucht, das Leben für den anderen einfacher zu machen. Es ist die Bereitschaft zu geben und das Beste im anderen hervorzubringen. Ehepaare, die nicht verstehen, dass die Liebe nicht nur ein Gefühl, sondern vor allem auch eine innere Einstellung ist, werden vielleicht nie eine wirkliche Einheit in ihrer Ehe erleben. Wenn wir nur auf unsere Gefühle hören, dann behandeln wir den anderen freundlich, solange wir uns gut fühlen. Wenn es uns aber nicht gut geht, dann bekommt der andere das deutlich zu spüren. Ehemänner und Ehefrauen, die ihr Verhalten durch ihre Emotionen kontrollieren lassen, streiten sich wahrscheinlich bis ans Ende ihrer Tage. Diejenigen jedoch, die sich dafür entscheiden, jeden Tag aufs Neue aufeinander zuzugehen und sich in Liebe zu begegnen, schaffen damit ein Klima, in dem Konflikte auf eine Art gelöst werden können, die die Meinung und die Gefühle von beiden Ehepartnern respektiert.

Der dritte wichtige Punkt, den wir von Konrad und Renate lernen können, ist die Erkenntnis, dass eine Ehe sich immer weiterentwickelt. Wir dürfen im Laufe der Zeit nicht aufhören zu wachsen und zu lernen. Die Tatsache, dass die beiden selbst nach zweiundfünfzig Jahren immer noch auf Eheseminare gehen, zeigt ihre innere Bereitschaft, immer weiter zu lernen. Renate sagte: „Seit vielen Jahren besuchen wir mindestens einmal im Jahr ein Eheseminar." Und Konrad fügte hinzu, dass sie regelmäßig gemeinsam Ehebücher lesen.

Es gibt viele Wege, um in der Ehe zu wachsen. Eheseminare und Bücher über Ehe waren die beiden Wege, die Konrad und Renate geholfen haben. Man kann aber auch in die Eheberatung gehen, sich ein Eheseminar auf Video oder DVD anschauen oder gemeinsam eine CD über dieses Thema hören. Manche Gemeinden bieten auch Ehekurse an, die wöchentlich oder monatlich stattfinden. Es gibt viele Ehepaare, die diese Kurse sehr hilfreich finden.

Paare, die ihre Ehe auf diese dreiteilige Grundlage stellen – die Entscheidung zu versöhnlichen Konfliktlösungen, die Verpflichtung, sich zu lieben und zu unterstützen, egal, was passiert, und die Bereitschaft, gemeinsam Wege zum Wachstum und zur Veränderung zu suchen –, werden es schaffen, ihre Konflikte ohne Streitereien zu lösen.

Ich habe noch nie ein Ehepaar getroffen, das einen Streit genießt. Doch ich habe Tausende Ehepaare getroffen, die sich regelmäßig streiten. Ein Streit entsteht durch die unausgesprochene Behauptung, dass „mein Weg der beste ist". Durch einen Streit versucht man zu beweisen, dass die Vorstellung des Partners nicht so gut ist. Dadurch entstehen negative Gefühle. In einem Streit verurteilen wir uns gegenseitig und kratzen am Selbstwertgefühl des anderen.

Es liegt in der Natur der Sache, dass ein Streit eine feindselige Atmosphäre schafft. Ehepaare werden schnell zu Gegenspielern statt zu Freunden. Ich habe noch nie ein Ehepaar gesehen, das durch einen Streit Harmonie gefunden hat. Doch ich habe mit unzähligen Paaren gearbeitet, die sich bis zur Hoffnungslosigkeit gestritten haben.

Konflikte in der Ehe sind unvermeidbar, doch das Streiten ist nur eine Möglichkeit – eine ungesunde Möglichkeit. Ein Streit kann keinen Konflikt lösen, er kann ihn nur intensivieren. Ungelöste Konflikte, die über Monate und Jahre zwischen zwei Menschen stehen, haben viele Ehepaare davon überzeugt, dass sie einfach nicht zusammenpassen. Würden sie wirklich zusammenpassen, hätten sie bestimmt nicht so viele Konflikte und könnten sie auch viel einfacher und schneller lösen. In Wahrheit haben aber alle Ehepaare Konflikte, und Konfliktlösungen sind nie einfach. Da wir alle eher egoistisch sind, glauben wir, dass jeder normale Mensch mit uns und unseren Vorstellungen übereinstimmen müsste. Umgekehrt muss jeder, der eine andere Meinung hat, nur aufgeklärt und belehrt werden – also versuchen wir unseren Ehepartner zu belehren. Doch er oder sie hat dieselbe Überzeugung und versucht seinerseits uns zu belehren. Das Ergebnis ist Streit und Uneinigkeit.

In diesem Buch habe ich versucht, einen anderen Weg aufzuzeigen. Konflikte in einer Ehe können gelöst werden, doch dafür müssen wir bereit sein, von unserem hohen Ross herunterzusteigen, damit wir einander wieder als Menschen auf einer Ebene begegnen können. Da wir als Menschen einzelne Individuen sind, unterscheiden sich auch unsere Gedanken, Gefühle und Wünsche voneinander. Doch mit unserer Individualität kommt auch ein großes Bedürfnis nach Nähe. Die Ehe ist der Ort, wo dieses Bedürfnis gestillt werden sollte. Ein Mann und eine Frau schließen sich mit all ihren Unterschieden als Team zusammen, bei dem jeder seine Stärken und Gaben einsetzt, um dem anderen zu helfen und die Welt zu einem besseren Ort zu machen. Jeder von uns ist von Gott geschaffen und von ihm mit bestimmten Interessen und Fähigkeiten ausgestattet worden, um etwas Positives in diesem Leben zu erreichen. Doch wir brauchen Gott, und wir brauchen einander. In einer gesunden Ehe arbeiten die beiden Partner als Team zusammen und helfen sich gegenseitig, ihre Ziele zu erreichen und das Beste zu geben. Wenn dieses Team harmonisch zusammenarbeitet, dann führt es eine Ehe, wie sie von Gott gemeint ist.

Konflikte geben uns die Möglichkeit, unsere Liebe, unseren Respekt und unsere Bewunderung füreinander zu zeigen. Wenn wir diese Konflikte als einen normalen Teil einer gesunden Ehedynamik akzeptieren, dann finden wir immer wieder Zeit, uns gegenseitig zuzuhören. Wir lernen so gut zuzuhören, dass wir die Gefühle, Gedanken und Wünsche unseres Partners verstehen. Und zusammen können wir dann Lösungen finden, um als Team noch besser arbeiten zu können. Statt unseren Unterschieden zu erlauben, eine Mauer zwischen uns aufzubauen, unterstützen wir uns in dem, was wir tun.

Es ist ein grundlegendes Prinzip für eine erfolgreiche Ehe, dass man Konflikte lösen lernt. Denn ungelöste Konflikte, begleitet von sinnlosen Streitereien, zerstören eine Ehe. Doch eine Ehe wird gestärkt durch jeden Konflikt, der durch gutes Zuhören, Respekt füreinander und für beide Seiten zufriedenstellende Ergebnisse gelöst wird. Es ist mein Wunsch, dass Sie es lernen, Ihre Konflikte ohne Streit zu lösen.

Praktische Schritte:

1. Konrad, der schon zweiundfünfzig Jahre verheiratet ist, sagte: „Schon ganz am Anfang unserer Ehe haben wir eine Art Abkommen geschlossen. Immer wenn eine Meinungsverschiedenheit oder ein Konflikt aufkam, wollten wir uns gegenseitig zuhören und dann eine Lösung finden, die für uns beide gut war." Haben Sie und Ihr Ehepartner sich Ähnliches versprochen? Wenn nicht, warum nicht?

2. Renate sagte: „Wir haben uns auch versprochen, uns immer zu lieben und füreinander da zu sein, egal, was passiert." Haben Sie und Ihr Ehepartner sich Ähnliches versprochen? Wenn nicht, warum nicht?

3. Konrad und Renate haben es sich zur Regel gemacht, einmal im Jahr ein Eheseminar zu besuchen und gemeinsam Ehebücher zu lesen. Haben Sie und Ihr Ehepartner sich Ähnliches versprochen? Wenn nicht, warum nicht?

4. Wenn Ihr Ehepartner diese Verpflichtungen nicht mit Ihnen eingehen möchte, dann verzweifeln Sie nicht. Wenn Sie das, was Sie in diesem Buch gelernt haben, in Ihrer Beziehung umsetzen, spüren Sie schon bald den positiven Einfluss auf Ihre Ehe. Denn Ihr Beispiel und Ihre Veränderung hinterlassen Spuren. Durch Ihren Wechsel aus dem „Streitmodus"

hin zu einem „Lösungsmodus" verbessert sich das emotionale Klima in Ihrer Beziehung.

Epilog

*D*ieses Buch ist nicht in einem Elfenbeinturm entstanden. Diese grundlegenden Ansichten sind über dreißig Jahre gewachsen, in denen ich Ehepaare begleitet habe, die sich endlos gestritten hatten und kurz davor waren, aufzugeben. Außerdem stammen sie aus meiner eigenen über vierzigjährigen Eheerfahrung. Was ich sonst mit Ehepaaren in der Beratung bespreche, haben Sie jetzt in diesem Buch gelesen. Doch ich weiß auch, dass das Wissen allein noch nicht reicht. Um wirklich hilfreich zu sein, muss man das Wissen in seinem Leben anwenden und umsetzen. Jetzt, da Sie das Buch gelesen haben, möchte ich Sie herausfordern, das Buch noch einmal zu lesen – aber diesmal mit Ihrem Ehepartner. (Die einzelnen Kapitel sind nicht so lang, deshalb kostet es auch nicht viel Zeit, sie gemeinsam zu lesen.) Reden Sie hinterher über Ihre Antworten auf die Fragen am Ende eines jeden Kapitels. Ihre Antworten zeigen Ihrem Partner Ihre Gefühle, Gedanken und Wünsche, die mit dem Thema des Kapitels zusammenhängen. Wenn es dann wieder zu einem Konflikt in Ihrer Ehe kommt, versuchen Sie die Dinge, die Sie gelesen und diskutiert haben, anzuwenden.

Die Streitmuster und -auslöser aus der Vergangenheit sterben sicher nicht sofort, aber Sie können gemeinsam einen besseren Weg einschlagen. Es kostet Zeit und Kraft, doch es lohnt sich. Wenn Sie gemeinsam lernen, Ihre Konflikte ohne Streit zu lösen, dann arbeiten Sie bald gut als Team zusammen. Denn darum geht es in der Ehe: ein Mann und eine Frau, die ihre einzigartigen Ansichten, Gefühle und Wünsche einsetzen, um sich gegenseitig zu unterstützen. Denn gemeinsam gelöste Konflikte vertiefen die eheliche Beziehung – und jeder kann es lernen, einen Konflikt ohne Streitigkeiten zu lösen.

Wenn Ihnen dieses Buch geholfen hat, dann hoffe ich, dass Sie es weiterempfehlen. Wenn Sie mir eine Ihrer eigenen Geschichten schreiben wollen, dann tun Sie das über meine Kontaktadresse www.franckebuch.de

Schlussgedanken

◆ Wenn Sie einen Streit gewinnen, ist Ihr Ehepartner der Verlierer. Und wir wissen alle, dass es keinen Spaß macht, mit einem Verlierer zusammenzuleben.

◆ Streitigkeiten bewirken sehr viel – leider nur Negatives.

◆ So sicher wie Sie Fahrrad fahren, Auto fahren oder Computerfachbegriffe lernen können, können Sie auch lernen, wie man Konflikte löst.

◆ Konflikte vermeidet man nicht dadurch, indem man seine Unterschiedlichkeit aufgibt. Konflikte sind wichtig und bringen Veränderung, wenn man lernt, seine Unterschiede als Bereicherung statt als Belastung zu nutzen.

◆ Eine Lösung, die für beide Seiten zufriedenstellend ist, kann man nur finden, wenn man auch daran glaubt, dass es eine solche Lösung gibt und dass Sie sie gemeinsam finden können.

◆ Ein Streit kann keinen Konflikt lösen; er verschärft ihn nur.

◆ Auf die innere Einstellung kommt es an:

1. Ich möchte die Ansichten meines Partners respektieren, selbst wenn ich anderer Meinung bin.
2. Ich möchte meinen Ehepartner lieben und alles tun, um ihm oder ihr heute zu helfen.
3. Ich glaube, dass mein Partner und ich ein Team

sind und dass wir mit Gottes Hilfe eine Lösung für unseren Konflikt finden können.

◆ Konflikte können nicht ohne gutes Zuhören gelöst werden. Dabei hat das Wort *gut* eine zentrale Bedeutung, weil viel Paare glauben, dass sie sich zuhören. Tatsächlich laden sie aber nur ihre eigenen Wortkanonen neu, während der andere spricht.

◆ Um wirklich gut zuhören zu können, müssen Sie Ihrem Ehepartner Ihre ungeteilte Aufmerksamkeit schenken.

◆ Ein häufiger Fehler bei der Kommunikation von Ehepaaren ist: Sie antworten, bevor Sie das ganze Bild verstanden haben. Das führt unweigerlich zum Streit ... Wenn Menschen in einem Gespräch zu schnell reagieren, dann reagieren sie meist auf das falsche Thema.

Ein Versprechen, bei dem beide Seiten gewinnen

*D*a ein Streit nur eine feindselige Atmosphäre zwischen uns schafft, und es unbedingt notwendig ist, unsere Konflikte zu lösen, wenn wir als Team zusammenarbeiten wollen, verpflichten wir uns hiermit, nach Lösungen für unsere Konflikte zu suchen, die für beide Seiten gut und zufriedenstellend sind,

◆ indem wir lernen, uns gegenseitig wirklich zuzuhören:
   Was will mir mein Ehepartner sagen?
   Was fühlt mein Ehepartner wirklich?

◆ indem wir die Ansichten und Gefühle des anderen respektieren;

◆ indem wir versuchen zu verstehen, warum dieses besondere Thema oder dieser besondere Standpunkt unserem Ehepartner so wichtig ist;

◆ indem wir Lösungen finden, bei denen wir uns beide ernst genommen und respektiert fühlen.

Dieses Versprechen haben wir uns am _____ gegeben.

_____   _____

Ehefrau   *Ehemann*

Weitere Titel von Gary Chapman

Die fünf Sprachen der Liebe
Wie Kommunikation in der Ehe gelingt
ISBN 978-3-86122-126-5
224 Seiten, Paperback

Es gibt nichts Schöneres als zu lieben und geliebt zu werden. Doch wie kann es gelingen, dass der andere sich tatsächlich dauerhaft geliebt fühlt und unsere Liebesbekundungen ihn mitten ins Herz treffen?

Gary Chapman ist dem Geheimnis einer erfüllten Liebesbeziehung auf die Spur gekommen: Es geht nicht darum, irgendetwas Liebevolles für den anderen zu tun, sondern das richtige. Denn es gibt 5 verschiedene Sprachen der Liebe – und jeder von uns hat eine Muttersprache …

»Das Buch ist einfach genial. Der Autor beschreibt auf so einfache und nachvollziehbare Weise, wie unterschiedlich Menschen Liebe geben und empfangen und wie wichtig es ist, dabei die gleiche Sprache zu sprechen. Durch dieses Buch wurde mir erst bewusst, was mir wichtig ist und was Liebe für mich bedeutet. Nachdem ich auch meinen Mann dazu gebracht habe, dieses Buch zu lesen, sind uns beiden richtige ›Kronleuchter‹ aufgegangen und wir führen seither eine gänzlich neue Beziehung mit sehr viel mehr Liebe und Verständnis füreinander. Ich kann dieses Buch jedem empfehlen.« Leserstimme

Die fünf Sprachen des Verzeihens
Die Kunst, wieder zueinander
zu finden
ISBN 978-3-86827-134-8
224 Seiten, Paperback

„Wie oft soll ich denn noch sagen, dass es mir leidtut?"

Jeder macht mal einen Fehler. Doch manchmal reicht ein „Tschuldigung" als Reaktion nicht aus. Unsere Beziehungen werden umso stabiler, je konsequenter wir bereit sind, um Vergebung zu ringen.
Fünf verschiedene Sprachen stehen uns dafür zur Verfügung – heilende Worte und praktische Taten, die neue Brücken schlagen in das verwundete Herz unseres Gegenübers.
Doch wie kommt meine Entschuldigung beim anderen auch wirklich an? Indem ich mein Bedauern ausdrücke, Schuld eingestehe, Wiedergutmachung anbiete, Besserung gelobe oder Vergebung erbitte? Entdecken und sagen Sie den Satz, auf den der andere so sehr wartet.
Mithilfe dieses Buches wird sich Ihr Wortschatz rapide erweitern!

**Die vier Jahreszeiten
der Liebe**
*Die Kunst, wieder zueinander
zu finden*
ISBN 978-3-86827-133-1
224 Seiten, Paperback

Wie sich die Natur mit den Jahreszeiten ändert, so wechselt auch das Klima in unserer Ehe. Dr. Chapmans Barometer zeigt Ihnen, in welcher Jahreszeit Sie gerade stecken und wie Sie Herbststürme und Winterkälte überwinden, bis Frühlingshoffnung und Sommerwärme Ihre Ehe aufs Neue erfüllen. Lassen Sie doch mal wieder die Krokusse blühen!

Frühstück mit Gott
365 Andachten für Paare
ISBN 978-3-86827-344-1
368 Seiten, gebunden

Nichts verspricht einen besseren Start in den Tag als ein gemütliches Frühstück. Mit vielen Leckereien, erfrischenden Säften und jeder Menge Zeit zum Reden. Zeit, sich auszutauschen, einander wirklich zuzuhören und gemeinsam zu träumen.

Die 365 Andachten in diesem Buch laden Sie dazu ein, nicht nur mit Ihrem Partner ins Gespräch zu kommen, sondern auch mit Gott. Denn nur wenn er mit Ihnen am Frühstückstisch sitzt, werden Ihr Hunger und Ihr Durst wirklich gestillt. Und von wem könnten Sie besser lernen, in der Liebe zu wachsen, als von ihm? Gönnen Sie Ihrer Beziehung diese wertvolle Zeit zu dritt. Sie werden merken: Nie war Ihr Liebestank so gefüllt, nie haben Sie sich von Ihrem Partner so geliebt gefühlt und nie haben Sie ihm Ihre Liebe so gut zeigen können.

Die Bibel für Paare
Mit Andachten von
Gary Chapman
ISBN 978-3-86827-436-3
1872 Seiten, gebunden

Die »Bibel für Paare« lädt Sie ein zu erforschen, was
Gott über Liebe, Selbstlosigkeit, Vergebung, Treue
und vieles andere sagt. Wenn Paare dem Vorbild Jesu
folgen, können sie in Harmonie miteinander leben,
Konflikte lösen und das Beste in ihrem Partner her-
vorbringen. Diese Bibel zeigt Ihnen, wie das praktisch
aussehen kann.

Das Besondere an der »Bibel für Paare«: Zusätzlich
zum beliebten Hoffnung für alle-Text finden Sie darin
für jeden Tag der Woche (Montag bis Freitag) einen
geistlichen Impuls, der sich jeweils auf eine bestimmte
Bibelstelle bezieht, Anregungen zum Gebet und vertie-
fende Fragen, die das Gespräch zwischen den Partnern
fördern.